24 minutos en el otro lado

24 minutos en el otro lado

Vivir sin miedo a la muerte

Tessa Romero

Papel certificado por el Forest Stewardship Council®

Primera edición: febrero de 2025

© 2025, Tessa Romero
© 2025, Penguin Random House Grupo Editorial, S. A. U.,
Travessera de Gràcia, 47-49. 08021 Barcelona
Diseño de la cubierta: Penguin Random House Grupo Editorial
Ilustración de la cubierta: © majivecka / iStock
Fotografía de la solapa: cortesía de la autora

Penguin Random House Grupo Editorial apoya la protección de la propiedad intelectual. La propiedad intelectual estimula la creatividad, defiende la diversidad en el ámbito de las ideas y el conocimiento, promueve la libre expresión y favorece una cultura viva. Gracias por comprar una edición autorizada de este libro y por respetar las leyes de propiedad intelectual al no reproducir ni distribuir ninguna parte de esta obra por ningún medio sin permiso. Al hacerlo está respaldando a los autores y permitiendo que PRHGE continúe publicando libros para todos los lectores. De conformidad con lo dispuesto en el artículo 67.3 del Real Decreto Ley 24/2021, de 2 de noviembre, PRHGE se reserva expresamente los derechos de reproducción y de uso de esta obra y de todos sus elementos mediante medios de lectura mecánica y otros medios adecuados a tal fin. Diríjase a CEDRO (Centro Español de Derechos Reprográficos, http://www.cedro.org) si necesita reproducir algún fragmento de esta obra.
En caso de necesidad, contacte con: seguridadproductos@penguinrandomhouse.com

Printed in Spain — Impreso en España

ISBN: 978-84-19820-72-3
Depósito legal: B-21.386-2024

Compuesto en Comptex&Ass., S. L.
Impreso en Romanyà Valls, S.A.
Capellades (Barcelona)

VE 20723

Índice

Introducción 11

PRIMERA PARTE

1. El lamento de los narcisos 21
2. Que haya luz........................ 27
3. La edad del cielo..................... 33
4. El instante.......................... 45
5. Escalera al cielo...................... 59
6. A través del universo 75
7. Tratar de estar mejor 79

SEGUNDA PARTE

8. Un cielo lleno de estrellas 93
9. Aunque no te pueda ver............... 103

10. Bonito 109
11. Kilómetro cero 115
12. Las costuras del alma 125

TERCERA PARTE

13. Volverte a ver 133
14. Lágrimas en la lluvia. 141
15. Sin miedo. 159
16. Quédate junto a mí. 171
17. Este lado del paraíso. 183
18. Estoy viva 203
19. Gracias a la vida 211
20. El camino silencioso. 221
21. Asha. 229

Epílogo. 235
Lo que quedó sin decir 239
Títulos de canciones de los capítulos 245
Agradecimientos 247

*A ti, papá,
mi rosa de los vientos*

Introducción

Soy afortunada, lo sé. Hay muchos que no tendrán una segunda oportunidad como la que yo tuve. Pero también sé que en todo hay un porqué, aunque aún no estemos preparados para entenderlo completamente. Quizá algún día encontremos todas las respuestas. O quizá no. Tal vez no conocer todos los misterios forma parte del propio misterio de la vida.

Han pasado seis años desde que publiqué la primera versión de este libro. Durante todo ese tiempo he crecido, he sanado y he encontrado más claridad en mi historia. Por eso, en esta nueva edición he incluido más detalles y más episodios. Entre ellos, está uno muy especial: mi segundo encuentro con el ser de luz que me guio durante mi experiencia cercana a la muerte, ya que sucedió poco después de la publicación del libro.

Hoy ya no siento el miedo abrumador que me invadió cuando publiqué la primera versión de *24 mi-*

nutos en el otro lado, aquel temor a ser juzgada por la sociedad o a que la gente pensara que estaba loca, y que me hizo dudar y casi desistir. He llegado a entender que compartir mi historia es más que un derecho: es mi deber moral.

Siempre han existido las experiencias cercanas a la muerte (ECM) y, aunque siguen siendo un tema tabú para muchos, cada vez más personas se atreven a contarlas, a llevar un mensaje de esperanza a quienes temen a la muerte. Y es que todos poseemos un espíritu, una esencia que va más allá de lo físico. Aunque no podamos verlo, lo percibimos en esos momentos de profunda conexión con nosotros mismos, con la Madre Tierra y el universo, en esos instantes de calma donde percibimos lo sagrado.

A lo largo de mi vida no había comprendido lo que significaba esa eternidad de la que tantas veces había oído hablar. Pero tras experimentar la separación de mi cuerpo y viajar al otro lado, entendí que nuestra existencia no se reduce a lo que vivimos aquí, en este mundo físico. Cuando el cuerpo se apaga, el espíritu se libera.

El espíritu es el soplo de la vida, la energía que continúa cuando el corazón deja de latir. Es lo que nos conecta con algo mayor, algo que no podemos definir por completo, pero que sentimos como una presencia constante, sosteniéndonos en medio de la inmensidad del universo. Morir no es el final; es una transición, una vuelta a esa energía pura de la que todos provenimos. Somos eternos más allá de nuestras formas terrenales, más allá de nuestros miedos. En ese viaje hacia lo desconocido nunca estamos solos. Llevamos con nosotros la chispa divina que nos hace formar parte de algo inmenso e infinito. Es nuestro espíritu el que nos da la fuerza para seguir, para evolucionar, para trascender.

¿Sabías que antes que tú han vivido aproximadamente 117.000 millones de seres humanos en la Tierra? Hoy esas personas ya no se encuentran en este plano físico, pero existen en un plano de luz en el que la eternidad se convierte en algo real y tangible. Somos seres eternos en cuerpos temporales, viajeros en un ciclo infinito. Y aunque el cuerpo se convierta en cenizas, el alma, la conciencia espiritual, trasciende, sobrevive a la muerte.

Si tienes este libro en tus manos, no es por casualidad. Este libro te ha elegido a ti porque en sus páginas hay un mensaje que necesitas escuchar. La muerte, lejos de ser el final oscuro y temido, nos enseña a vivir. Nos recuerda que no podemos huir de ella porque es parte integral de nuestra existencia. Vivir con miedo a la muerte es, en realidad, vivir con miedo a la vida.

Debemos aprender a aceptarla, a entender que es

inevitable. Todos los días morimos un poco: dejamos atrás versiones de nosotros mismos y cerramos ciclos. Pero con cada amanecer, renacemos. La muerte no es más que una puerta hacia otro estado del ser.

A través de estas páginas te invito a viajar conmigo más allá de lo que conoces, a descubrir que la muerte no es el final, sino un tránsito hacia otra existencia. Te aseguro que es posible vivir sin miedo a la muerte, y también es posible morir en paz, rodeado de amor, con dignidad. Este libro no solo te mostrará cómo acompañar a un ser querido en su último viaje, aliviando su sufrimiento, sino también cómo aceptar el duelo de una manera más consciente.

La muerte está mucho más cerca del nacimiento de lo que solemos pensar. Ambas son transiciones hacia una nueva vida. Y, si lo piensas, la verdadera muerte ocurre cuando nos olvidan, cuando nuestra esencia se desvanece en la memoria de aquellos a quienes dejamos atrás. Para mí, esa es la verdadera muerte.

Este libro está aquí también para ayudarte a llegar a la muerte sin arrepentimientos. Para que, en ese momento, puedas mirar atrás y decir con satisfacción: he vivido de verdad. Norman Cousins, periodista y escritor, dijo una vez que «la muerte no es la mayor pérdida en la vida; la mayor pérdida es lo que muere dentro de nosotros mientras aún vivimos». ¿Cuántas personas viven cargando con sueños que nunca se atrevieron a cumplir, palabras que nunca se atrevieron a decir y amores que nunca se permitieron vivir? No dejes que ese sea tu destino. Tienes el poder de cambiar el rumbo ahora mismo. No permitas que las oportunidades desaparezcan en el tiempo.

No se trata de cambiar quién eres, sino de convertirte en tu versión más auténtica. El dolor y la pérdida son inevitables, pero también son motores de transformación. No estamos aquí para simplemente sobrevivir, sino para florecer, para ser todo lo que podemos ser.

Vivimos en un mundo maravilloso, lleno de magia, pero muchos no lo ven. Caminan por la vida con los ojos cerrados, ajenos a los milagros que ocurren a su alrededor. Este libro está escrito para ti que sufres, para ti a quien le han diagnosticado una enfermedad mortal, o que acompañas a alguien en su camino final. Pero también es para ti que temes a la muerte o vives con miedo constante a lo que pueda suceder. Es para ti que buscas respuestas, que, creas o no en lo imposible, te atreves a mirar más allá de lo visible.

He conocido a bastantes personas que han tenido experiencias cercanas a la muerte, personas que han visto lo que yo vi, que han sentido lo que yo sentí. Pero muchas temen contarlo por miedo a que no les crean. Afortunadamente, la ciencia está comenzando a prestar atención, y poco a poco estamos comprendiendo que la muerte no es lo que creíamos, que hay algo más, algo hermoso al otro lado.

Antes de morir, yo también era escéptica. No creía en nada que no pudiera ver o tocar. Pero en 2007 mi vida cambió. Contraje una enfermedad mortal y desconocida que no tenía un diagnóstico claro y afectaba a todo mi organismo. Los médicos me desahuciaron, no había cura para mí. Cansada y derrotada, me rendí. Sin embargo, mi espíritu estaba muerto mucho antes de que mi corazón dejase de latir. Vivía en una prisión que yo misma había construido: una cárcel espiritual, emocional y física.

Tuve que enfrentarme a la persona que más temía: mi verdadero yo. Durante 24 minutos experimenté la muerte clínica. Estuve en el otro lado y elegí regresar. Volví para salvar la vida de alguien, y la vida me fue concedida una vez más. Desde ese momento, dejé de actuar como querían de mí los demás. Volví a ser yo.

A lo largo de los años he acompañado a personas en su lecho de muerte, he aprendido que la muerte puede ser un momento de paz, de amor, de trascendencia. Ahora mi propósito de vida es compartir lo que sé para que no temas a la muerte, para que la aceptes como parte de la vida. Porque la muerte es solo el comienzo de otra existencia.

A través de mi historia no solo quiero ayudarte a perder el miedo a la muerte, sino, más importante aún, a que no temas vivir plenamente. Cuando llegue tu hora, quiero que mires atrás sin arrepentimientos, sabiendo que has vivido con amor y sentido.

Este libro no es únicamente un compañero de viaje, es el comienzo de algo más profundo. Antes de continuar te invito a detenerte un instante y reflexionar: no tienes ante ti solo un libro, sino una puerta. Al cruzarla, te adentrarás en lo más profundo de tu ser, en los misterios de la muerte y la vida misma. Aquí no encontrarás respuestas fáciles, pero sí preguntas que transforman, que te empujan a cambiar y a vivir con mayor plenitud.

Estás a punto de embarcarte en un viaje que quizá hayas postergado, pero que es crucial para descubrir el mayor poder que poseemos: vivir sin miedo. Este es tu momento, tu oportunidad de asumir quién eres realmente, de mirar de frente a tus temores y transformar tu manera de ver el mundo. ¿Estás preparado para comenzar? Porque una vez que cruces este umbral, ya no habrá marcha atrás. Lo que está por revelarse aquí no solo tiene el poder de cambiar tu visión, sino de transformarte por completo.

PRIMERA PARTE

Nos enseñaron desde niños cómo se forma un cuerpo, sus órganos, sus huesos, sus funciones, sus sitios, pero nunca supimos de qué estaba hecha el alma.

Mario Benedetti

1

El lamento de los narcisos

> Las personas más bellas con las que me he encontrado son aquellas que han conocido la derrota, el sufrimiento, la lucha, la pérdida, y han encontrado su forma de salir de las profundidades. Estas personas tienen una apreciación, una sensibilidad y una comprensión de la vida que los llena de compasión, humildad y una profunda inquietud amorosa. La gente bella no surge de la nada.
>
> Elisabeth Kübler-Ross

—¿Quién cuidará de mis narcisos a partir de mañana? —preguntó la anciana. Su voz era apenas un susurro que rebotó contra las paredes vacías de la habitación.

—Carmen, estoy aquí —respondí, entrando con

suavidad en la estancia—. No te preocupes, encontraré a alguien que cuide de tus flores.

Me senté a su lado en la cama; su delicada figura apenas abultaba bajo las sábanas. Giró la cabeza lentamente hacia mí, con una expresión en la que se mezclaban la gratitud y la resignación.

—Gracias por venir. —Le tembló ligeramente la voz—. ¿Puedo cogerte la mano?

—Por supuesto —dije tomando sus manos entre las mías, notando la fragilidad de sus huesos bajo la fina piel—. Pero prométeme que cenarás esta noche. No has comido nada, y las enfermeras y yo estamos preocupadas.

—¿Comer para qué? —respondió con una sonrisa que contrastaba con la gravedad de la situación—. ¡Es una tontería!

La calidez de sus manos irradiaba una serenidad reconfortante, una paz que solo quienes han hecho las paces con la vida pueden experimentar. Me miraba con aquella sonrisa tranquila como si estuviera a punto de embarcarse en un viaje largamente esperado. Ambas sabíamos que esa noche su corazón, que había latido durante noventa y dos años, se detendría. Su marido fallecido se lo había dicho la noche anterior.

Me envolvió la tristeza al imaginar sus narcisos marchitándose lentamente en el jardín de la que había sido su casa, testigo silencioso de tantas vidas que florecieron y murieron en su presencia.

—Por fin estaré con él para siempre —dijo con lágrimas en los ojos, que brillaban de la emoción—. Y también me reuniré con mi hija y mis nietos. No sientas pena por mí. Sé que estaré bien.

Clavó sus ojos en los míos con una intensidad que contenía una eternidad. Yo había pasado incontables horas escuchando los relatos de su vida, cada uno más fascinante que el anterior. Carmen era una mujer que había vivido con una pasión y una fuerza que rara vez se encuentran. Supo transformar el dolor en amor, encontrar sentido en las tragedias y dotar de propósito a cada uno de sus días.

¿Cuántos pueden decir que han encontrado el verdadero sentido de su vida? Carmen lo había hecho. Era una de esas personas que tocan el alma de quienes los rodean, dejando una huella imborrable. Su espíritu era como sus narcisos: regalaba su belleza al mundo, irradiaba luz y vida a su alrededor, florecía con una fuerza capaz de transformar hasta los rincones más oscuros.

En los dos últimos meses yo la había visitado con regularidad. Carmen estaba sola, sin nadie en el mundo. La neumonía había debilitado su cuerpo y, con la muerte de su último familiar seis meses antes, su voluntad de vivir había desaparecido.

Aún recuerdo el día en que le conté lo que viví en el otro lado. Me escuchó con una atención que pocas veces había visto en ella. Sus ojos brillaban de una manera especial y de vez en cuando los cerraba, sumida en sus pensamientos, como si tratara de imaginar cómo sería estar en ese lugar del que yo había regresado.

De repente cayó sobre el hospital un silencio absoluto. Cesaron los quejidos de los otros pacientes y el tiempo pareció detenerse. El eco de unos pasos lentos y pesados resonó en el pasillo, acercándose a la habitación.

—Es la Muerte —suspiró Carmen aliviada—. Al fin ha venido a por mí.

Eran las dos de la madrugada y en el rostro se le dibujó una paz inefable. Con manos temblorosas, abrió un cajón de la mesita de noche y sacó una fotografía desgastada. La estrechó contra su pecho como si fuera su tesoro más preciado.

—¿Puedo verla? —pregunté suavemente.

Con cuidado me entregó la foto.

—¿Es... su hija? ¿Y esos, sus nietos? —pregunté con voz entrecortada, casi incapaz de respirar.

Asintió con orgullo en los ojos.

—¡Los reconozco! Su hija me ayudó cuando estuve al borde de la muerte. Son la mujer y los niños de los que le hablé...

En ese instante vi en sus lágrimas un destello que parecía contener los misterios del universo y la esencia misma de la eternidad. Fue como si, en ese último vistazo antes de que cerrara los ojos para siempre, se revelaran los secretos de la vida y la muerte y, por un breve momento, pude vislumbrar la inmortalidad en su forma más pura.

2

Que haya luz

> Cuando miras largo tiempo a un abismo,
> el abismo también mira dentro de ti.
>
> NIETZSCHE

Estaba sumida en un sufrimiento indescriptible. Mis gritos desgarraban el aire, suplicando desesperadamente que me dejaran ir. No quería que prolongaran mi agonía; solo quería el descanso eterno. Gritaba con una fuerza desconocida, como si todo el dolor de mi existencia se concentrara en ese último aliento. Mi cuerpo, enfermo y agotado, apenas sostenía la vida mientras mi alma clamaba por liberarse de aquella prisión de carne y hueso.

Agarré con desesperación la mano de una de las enfermeras buscando algún tipo de consuelo y con profunda tristeza le pregunté:

—¿Por qué no puedo ser feliz como tú?

—¡No! —gritó ella, angustiada—. No te vayas, sigue aquí. Te prometo que todo irá bien.

El pánico en sus ojos fue lo último que vi antes de que la muerte me arrastrara. Desde que los médicos me dijeron que me quedaba muy poco de vida, había contemplado el abismo con una angustia profunda, hasta que la muerte me rodeó con sus brazos.

De repente me desdoblé y comencé a levitar y, desde las alturas, observé el ir y venir del personal sanitario. La clínica era pequeña, un lugar modesto donde trabajaban solo una recepcionista, dos enfermeras, dos doctores de medicina general y una pediatra. Vi también a mis hijas jugando con otros niños en la sala de espera. Todavía quedaba un débil hilo de vida que me mantenía entre dos mundos, permitiéndome estar en ambas dimensiones al mismo tiempo.

No entendía qué estaba ocurriendo. Era como volar en un trance hipnótico, pero mi mente estaba clara.

Los médicos discutían, buscando con urgencia una solución a la situación desesperada. «¡No servirá de nada!», exclamó uno. ¿Por qué veía yo todo desde arriba?

Entonces me vi a mí: alguien yacía inerte sobre una camilla. La expresión de su rostro me conmovió profundamente. ¡Era yo! No había tristeza ni dolor en aquellas facciones. Flotando, me acerqué lentamente a aquel cuerpo inerte. Lo observé con detenimiento y, al principio, me invadió una sensación de desconcierto. Sin embargo, sabía que ya no pertenecía a ese cuerpo que los médicos intentaban revivir mediante maniobras de reanimación manual. Sabía que mi esencia estaba en otro lugar, lejos de esa frágil carcasa a la que intentaban devolver a la vida.

Allí abajo, junto a los médicos, les gritaba que dejaran de intentar despertarme. Estaba muy enfadada, pero no me escuchaban. Ya no sentía dolor; me encontraba bien, mejor que nunca. ¿Por qué no me dejaban en paz?

El sufrimiento había desaparecido por completo. En su lugar, me envolvió una profunda serenidad. Me dejé llevar por la belleza del momento. Mi espíritu se desplazaba libremente explorando lugares familiares y llenos de recuerdos.

—¡Hola, guapa! —dije tocando el hombro de mi hermana, que iba conduciendo su coche y cantaba alegremente una balada *country* que sonaba en la radio—. ¿Me oyes?

Pero no hubo respuesta. Me encontraba atrapada en un mundo paralelo en el que podía verla y sentirla, pero ella, inmersa en su realidad, no tenía ni idea de que yo estaba allí. En ese momento habitábamos planos distintos, separados por un misterio que yo aún no comprendía.

De repente, un aroma conocido me envolvió, transportándome de inmediato a la calidez de la cocina de mi madre. Allí estaba ella, almorzando tranquilamente. Me acerqué despacio, sintiendo nostalgia y, sin dudarlo, la abracé con todo el amor que me invadía en ese instante, deseando absorber su ternura una vez más, como si ese abrazo pudiera detener el tiempo.

—¿Rafael? —murmuró levantando la cabeza del plato y mirando a su alrededor con expresión desconcertada. En su confusión, había tomado mi presencia por la de mi padre, que había fallecido hacía varios años. Su voz tembló al pronunciar su nombre, como si esperara que él le respondiese.

Comencé a ascender rápidamente y la imagen de la cocina fue desvaneciéndose y perdiendo nitidez hasta volverse borrosa. De repente, una fuerza invisible pero poderosa me arrancó de ese lugar y me arrastró a una velocidad vertiginosa lejos de aquel escenario familiar.

Divisé un punto luminoso a lo lejos y, en su interior, una figura que reconocí al instante. ¡Era mi amiga Isabella! Murió a causa de una leucemia cuando éramos adolescentes. ¡Cuánto la había echado de menos! Llevaba la bata verde que vestía el día en que falleció en el hospital. Detrás de ella se alzaba una inmensa pared blanca. No era una muralla física, sino más bien una frontera de luz, tan grande que parecía no tener fin. Sabía que era la puerta que me llevaría de vuelta al hogar, al lugar del que mi alma partió un día para ir a vivir en la Tierra. Me invadió una profunda sensación de alivio y familiaridad. Era como si al fin hubiera llegado al lugar al que siempre había pertenecido, como si todo encajara. Ya estaba en casa.

—¿Qué haces aquí? —me preguntó alarmada.

—No lo sé… —respondí desorientada.

—Estoy esperando a mi madre. ¡Tienes que volver! —exclamó con urgencia.

La mujer me repetía una y otra vez que debía regresar. Su voz estaba cargada de insistencia y preocupación, pero, aunque las palabras llegaban hasta mí, no podía concentrarme en ellas. Solo deseaba moverme hacia aquella luz que parecía envolverlo todo y me atraía con una fuerza magnética. Quería entregarme a ella, fundirme con esa energía que me llamaba desde lo más profundo del universo.

De repente sentí a mi espalda una presencia poderosa que me envolvió con una energía indescriptible. Fue en ese instante cuando comprendí que mi visión era de 360 grados y abarcaba todo. Entonces los vi. Allí estaban y, en ese preciso momento, la fuerza universal del Amor me abrazó por completo. Una melodía etérea, como un eco distante que resonaba desde lo más profundo de la Tierra, comenzó a vibrar en mi conciencia. Y, en medio de esa armonía, se hizo la luz.

3

La edad del cielo

A todos nos llega el final; sé que no hay excepciones. Sin embargo, Dios mío, a veces el pasillo de la muerte parece tan largo…

STEPHEN KING,
La milla verde

¿Alguna vez te han diagnosticado una enfermedad mortal? ¿O tal vez a alguien cercano a ti? Si es así, ¿recuerdas cómo te sentiste en ese instante? Es un golpe devastador. Puedo entender las emociones que te invaden: la ira, poderosa y destructiva, se apodera de ti mientras el odio por todo lo que te rodea te arrastra inexorablemente al abismo más profundo, sumergiéndote en una oscuridad que lo consume todo a su paso. Cuando eres tú quien recibe ese diagnóstico, el sufrimiento se vuelve insoportable. Es un dolor que trasciende lo físico. Sabemos que cada persona tiene un umbral para el dolor corporal, pero ¿hay un límite para el dolor emocional? Si existe, yo lo sobrepasé. Hubiera preferido cualquier dolor físico antes que la tortura que viví.

Con el tiempo, aprendí que rendirse nunca es una opción. Pero tuve que morir para comprenderlo. No quiero que tú tengas que pasar por lo mismo.

Los médicos fueron claros: no había esperanza. Me quedaba muy poco tiempo de vida. Mi enfermedad era tan inusual que ni siquiera podía clasificarse dentro de las llamadas «enfermedades raras», ya que nadie sabía con certeza de qué se trataba. Era un conjunto de síntomas desconcertantes que, al combinarse, conducían a un destino inevitable: la muerte. No había tratamiento posible ni cura alguna.

Según la Organización Mundial de la Salud, existen entre 7.000 y 8.000 enfermedades raras, que afectan al 7 por ciento de la población mundial. Pero mi caso era aún más desesperanzador. Estaba fuera de esas estadísticas. Me sentía atrapada en una oscuridad sin forma, donde la única certeza era la muerte, perdida en un vacío sin respuestas, afrontando una batalla que no podía ganar. No había esperanza; solo la fría realidad de que mi vida se extinguía sin que nadie pudiera hacer nada para detenerlo.

Cuando el médico pronunció su veredicto, su voz pareció desvanecerse en el aire, como si la realidad misma se hiciera añicos. En ese instante sentí que el suelo se esfumaba bajo mis pies. Yo caía lenta pero inexorablemente hacia un abismo sin fondo. Esa era la verdadera soledad, un vacío inmenso que me envolvía con brazos invisibles y me consumía por dentro. Todo lo que alguna vez había sido desaparecía lentamente.

Las palabras del médico se transformaron en un eco lejano; parecían venir de un rincón remoto del universo. Trataba de escuchar, intentaba comprender, pero sus frases se disipaban en el aire antes de poder asimilarlas por completo. Me sentí desamparada.

Comprendí lo que deben de experimentar los condenados a muerte, viviendo cada día con la incertidumbre de si será el último. Cada minuto que pasaba lo sentía como un indulto, una tregua que sabía que llegaría a su fin cuando el reloj de mi vida marcara la hora de la ejecución.

No podía dejar de preguntarme, llena de rabia: ¿por qué yo? Si al menos hubiera existido una cura, algún tratamiento, por pequeño que fuera, habría tenido un motivo para seguir luchando. Habría encontrado una chispa de esperanza que me permitiera mirar hacia el futuro. Pero sin sueños por los que luchar y sin esa luz que guía en el camino, lo único que queda es un vacío horrible, un abismo insondable que devora todo a su paso, dejando tras de sí nada más que una amarga sensación de pérdida y desolación.

Después de mi experiencia cercana a la muerte, tuve la oportunidad de conocer a personas que, a pesar de haber sido golpeadas por enfermedades mortales o muy graves, mantuvieron viva la llama de la esperanza, confiando en la vida y en su propia fuerza interior, incluso cuando todo parecía perdido. Los vi sanar, y el milagro de su curación no solo les devolvió la salud, sino que también los transformó en seres extraordinarios, llenos de una sabiduría y una compasión que solo quienes han tocado el abismo pueden comprender. Muchos dedicaron sus días a compartir ese amor que la vida les había devuelto, convirtiendo su dolor en una fuente de luz para los demás.

Pero en aquel entonces, no había ni un solo rincón de mi ser donde pudiera hallar un rastro de esperanza. Cada intento de aferrarme a algo se perdía en la oscuridad que me envolvía. No tenía fe en ningún dios ni creía en nada que pudiera consolarme. Me sentía completamente sola, afrontando la muerte con dos hijas pequeñas que aún dependían de mí. Sentía cómo se me escapaba el tiempo entre los dedos; la cuenta atrás había comenzado de manera implacable, robándome cada segundo y dejándome con la terrible certeza de lo mucho que me quedaba por hacer y el poco tiempo que me restaba.

Los médicos me hablaron de algunas alternativas, tratamientos que no ofrecían una cura, sino solo alivio, una manera de no sufrir tanto durante el tiempo que me quedaba, una especie de cuidados paliativos. Pero ninguna de esas opciones ofrecía siquiera un rayo de esperanza para salvarme. Sabía que lo único que podía hacer era seguir adelante, avanzar hasta que el tiempo, inevitablemente, se agotara.

Todavía estaba viva, pero ya sentía una profunda nostalgia por quienes amaba. Me despedía de ellos en silencio, con cada caricia, con cada abrazo, sin que ellos lo supieran. Me esforzaba por darles todo el amor que me quedaba, pero era una batalla constante contra el tiempo y el miedo. No sé por qué decidí guardar silencio, por qué elegí afrontar esta agonía en soledad. A veces pienso que fue para protegerlos del dolor que yo misma no podía soportar. Otras veces creo que fue el miedo, el temor a que me vieran frágil, vulnerable. Quienes han vivido algo similar sabrán a qué me refiero.

¿Qué habrías hecho tú? ¿Habrías compartido tu desesperación con los tuyos, sabiendo que los cargarías con ese peso, o habrías decidido, como yo, soportarlo en silencio para protegerlos, aunque eso te hundiera en tu propia soledad?

A lo largo de la historia siempre han existido «apestados»: marginados por razones políticas o religiosas, por su orientación sexual o por enfermedades que los relegaban al olvido. En ese momento me sentía como uno de ellos. Ya no había lugar para mí en el mundo, y nunca llegaría a ser la persona que alguna vez había soñado. Poco a poco fui alejándome de la vida, de los demás y de mí misma.

Con el tiempo he llegado a entender que, en medio de esa tormenta emocional, no supe cómo gestionar lo que sentía. Por muy desgarrador que sea saber que el tiempo se agota, siempre hay algo valioso que podemos ofrecer. A pesar de la desesperación, aún podemos dar lo mejor de nosotros mismos a aquellos que amamos, vivir nuestros últimos días con la mayor dignidad posible, y encontrar la paz antes de partir. Tal vez en esos momentos finales es donde descubrimos que la verdadera fortaleza no está en la ausencia de dolor, sino en nuestra capacidad de asumirlo y transformarlo.

En aquel entonces no creía en la existencia del espíritu ni del alma. Para mí, los seres humanos no éramos más que energía que, por tanto, no se destruía, solo se transformaba. Pero esa idea abstracta nunca había tenido verdadero peso en mi vida… hasta que me enfrenté a la posibilidad inminente de mi propia muerte. Fue entonces cuando empecé a preguntarme:

¿y si realmente tenemos un espíritu? ¿Y si después de la muerte hay algo más, alguna forma de existencia que no puedo comprender?

Por primera vez me acució la necesidad de que esas preguntas encontraran respuestas que apaciguaran el miedo a la muerte que sentía. Supongo que, en lo más profundo de mí, la esperanza, esa chispa que creía apagada, luchaba por resurgir. La esperanza es ese hilo invisible que nos mantiene conectados a la vida, incluso en los momentos más oscuros. Es la luz tenue que, aunque titilante, nunca se apaga del todo. Nos invita a creer que, a pesar de las tormentas, siempre hay un amanecer aguardando. La esperanza no exige certezas, pero nos impulsa a seguir adelante, a confiar en que el dolor, por profundo que sea, dará paso a la serenidad.

Hoy creo que el miedo es, en verdad, una enfermedad del alma. El verdadero valor no es la ausencia de miedo, sino la disposición a hacer lo correcto a pesar del temor que sentimos. Lo contrario al amor no es el odio, sino el miedo. Temer es, en esencia, rechazar la alegría de estar vivo, y es en ese rechazo donde realmente perdemos lo más valioso de nuestra existencia.

Pocas semanas después del diagnóstico, comencé a sentir cómo se debilitaba mi cuerpo día tras día. El agotamiento se convirtió en mi estado natural. La mayor parte del tiempo estaba aturdida, mareada, con náuseas que parecían no tener fin. Los episodios de sudor frío se volvieron una constante, señal inquietante de que estaba empeorando. Reconocí los síntomas de un infarto inminente: un dolor punzante en el pecho que irradiaba hacia mi brazo izquierdo, extendiéndose al cuello, los hombros, la espalda y la parte alta del estómago. Cada vez que esos pinchazos me atravesaban el corazón y se extendían por el brazo, sentía terror. Dudaba entre ir a Urgencias para intentar esquivar la muerte momentáneamente o simplemente dejar que todo llegase a su fin. Pero la tristeza y la impotencia que sentía eran tan profundas que siempre terminaba eligiendo la opción más oscura, pensando que quizá era mejor que todo acabase de una vez. Jean-Jacques Rousseau dijo: «El silencio absoluto conduce a la tristeza. Es la imagen de la muerte». Ahora sé exactamente a qué se refería. Dentro de mí solo había un silencio infinito.

Escribí cartas a mano para cada uno de mis seres más queridos. Mientras lo hacía, las lágrimas se mezclaban con la tinta, emborronando las palabras. Mis recuerdos de esas horas lúgubres son difusos, están envueltos en una neblina de dolor y desesperanza.

Días antes de que me dejara de latir el corazón, me rendí por completo. Estaba desahuciada, consumida por la lástima hacia mí misma, incapaz de encontrar la fuerza para seguir adelante. No quería luchar. ¿Para qué? Todo parecía sin sentido, era una batalla perdida de antemano. La vida me había dado la espalda, dejándome sin nada que esperar, sin nada que ofrecer. El sufrimiento era la única compañía que me quedaba. Solo con el tiempo descubrí que a veces el cuerpo enferma para que podamos sanar el alma, para que podamos aprender a mirar más allá de nuestras imperfecciones y encontrar la verdadera paz.

Años más tarde llegaría a entender que, incluso en nuestros peores momentos, la vida sigue esperando algo de nosotros, algo que aún no hemos dado a los demás, una lección que aún no hemos aprendido. El sufrimiento, por devastador que sea, no es el final, sino una puerta que, si logramos atravesar, nos lleva a un entendimiento más profundo de lo que realmente significa estar vivos.

Como descubriría después de mi experiencia cercana a la muerte, en realidad ya estaba muerta. Mi alma había empezado a marchitarse mucho antes de que mi cuerpo comenzara a apagarse.

Hasta ese momento había creído que tenía una gran vida. Me convencí a mí misma de que era feliz, de que estaba viviendo de acuerdo con lo que se esperaba de mí. Pero, en realidad, mi vida era una construcción, una fachada diseñada no por mí, sino por las expectativas de la sociedad y del sistema en el que estaba inmersa. Sin darme cuenta, había seguido un camino predefinido que me señalaba lo que debía desear, cómo debía comportarme, e incluso qué significaba ser feliz.

Creía que era feliz porque cumplía las normas, porque hacía lo que se suponía que debía hacer. Pero, con el tiempo, comencé a darme cuenta de que esa felicidad no era genuina, sino una versión fabricada, impuesta por un sistema que dictaba cómo debía ser la vida ideal. Y yo no estaba sola en esto; la gran mayoría de los seres humanos que decían ser felices funcionaban con los mismos parámetros, conforme al concepto de felicidad que el sistema imponía en el mundo.

El sistema nos enseña a medir la felicidad por el éxito, por las posesiones, por la aceptación social. Nos hace creer que, si cumplimos ciertos estándares, seremos felices. Pero lo que no nos dicen es que esa felicidad es superficial, una ilusión que nos mantiene atrapados en un ciclo interminable de conformidad. Yo había caído en esa trampa, confundiendo la aprobación externa con la verdadera satisfacción interior.

Solo cuando mi vida comenzó a desmoronarse, entendí lo vacía que realmente estaba. Mis logros, mis bienes materiales, la imagen que proyectaba, todo formaba parte de un guion escrito por otros. Estaba perdida, siguiendo un camino que nunca había sido realmente mío.

Poco antes de que mi corazón se detuviese me preguntaba si realmente existiría un cielo. Y, si lo había, ¿cómo sería?

> *No somos más*
> *Que una gota de luz*
> *Una estrella fugaz*
> *Una chispa, tan solo*
> *En la edad del cielo*

> Jorge Drexler

Morir no fue el final, sino el comienzo de una nueva existencia en un plano diferente al mundo físico y material que conocía. Fue el comienzo de una vida completamente distinta, donde las leyes de lo terrenal ya no tenían poder. Me adentré en lo desconocido, en ese enigmático «otro lado» donde cada paso me revelaría verdades ocultas, secretos que desafiaban todo lo que creía saber sobre la vida, la muerte y el verdadero significado de la existencia humana. Aquello que me esperaba más allá de la muerte me haría cuestionar todo lo que alguna vez di por sentado. Y en ese viaje descubriría que el mayor misterio de todos no era la muerte, sino la vida.

4

El instante

Donde hay ruina hay esperanza para un tesoro.

Rumi

Lo que ocurrió durante el breve periodo en que estuve ingresada en el hospital después de mi experiencia ECM permanece en mi memoria como si estuviera envuelto en una bruma espesa, una extraña nebulosa que difumina los detalles. Todo lo que puedo recordar aparece fragmentado, como si lo viera de lejos, desde detrás de un vidrio opaco. El primer recuerdo que me asalta es el olor, ese olor tan característico de los hospitales, una mezcla de desinfectante, medicamentos y la presencia casi palpable del sufrimiento.

El sonido también se me quedó grabado en la mente. En los pasillos resonaba el eco constante de las pisadas de médicos y enfermeros, apresuradas pero controladas, marcando el compás de una rutina casi mecánica. A pesar de estar allí, aquellos pasos parecían lejanos, como si vinieran de otra realidad. De fondo, en un susurro apagado y triste, se entremezclaban los murmullos de quienes sufrían.

A medida que observaba mi entorno, me invadía una sensación extraña. Todo me parecía viejo, como si perteneciera a otra época. Los equipos electrónicos, que en otro tiempo habrían representado avances tecnológicos, se me antojaban obsoletos, casi anticuados. Las máquinas pitaban y zumbaban, pero había algo en ellas que parecía estancado en el tiempo. Lo mismo ocurría con el personal médico. Aunque sus movimientos eran precisos, fruto de la experiencia, parecía que la vida había dejado su huella en ellos. Sus rostros reflejaban el peso de los días repetidos, una rutina necesaria que poco a poco los iba consumiendo por dentro.

En medio de todo eso, me di cuenta de que algo en mi interior estaba cambiando. Empezaba a aceptar que mi vida, tal como la conocía, estaba transformándose de manera irremediable, y que el hospital no era solo un lugar de paso físico, sino un umbral hacia algo mucho más grande y desconocido.

Lo siguiente que me vino a la memoria fue una sensación de frustración. Había regresado, pero no podía ayudar a la persona por la que había decidido volver a este mundo. Una parte de mí sabía que había alguien esperando, alguien a quien debía salvar, pero no tenía ni idea de quién era ni dónde se encontraba. ¿Quién era esa persona que me había impulsado a tomar esa decisión?

A pesar de mi frustración, me llenaba de alivio un pequeño consuelo: sabía, de algún modo inexplicable, que esa persona había desistido de su intento de acabar con su vida. Sentía su lucha interna, su dolor profundo y silencioso, pero también percibía que había dado un paso atrás, que había decidido permanecer con vida, al menos por el momento. Su espíritu había encontrado un pequeño resquicio de luz, algo que la mantenía a flote en medio de la oscuridad. Pero esa luz era tenue, frágil; si yo no acudía pronto, podría extinguirse en cualquier momento.

Sentía su tristeza con gran nitidez. No era una sensación vaga o distante, sino algo que me envolvía con una claridad inquietante. Experimentaba una conexión profunda con su alma, percibiendo su confusión, su dolor y esa desesperanza que la consumía. Sabía que esa persona estaba perdida, atrapada en su lucha interna. Aunque no había tomado la decisión de irse aún, yo sentía que no estaba realmente a salvo. Debía encontrarla antes de que fuese demasiado tarde. No sabía cómo lo haría ni dónde empezar a buscar, pero algo en mí me impulsaba a moverme, a no quedarme quieta. Había sido testigo de algo más grande que la vida misma, y ahora era mi responsabilidad completar ese ciclo, cumplir el propósito que había guiado mi regreso.

Miré a mi alrededor y lo que vi fue desolador. Había varios pacientes como yo, separados apenas por delgadas cortinas que creaban la ilusión de privacidad, pero no podían esconder del todo el sufrimiento compartido en aquel lugar. El aire estaba cargado de una pesada mezcla de incertidumbre y dolor. Al poco, una doctora se acercó a mí y, con una voz que parecía venir de muy lejos, me explicó que estaba en la UCI, la Unidad de Cuidados Intensivos. Su tono era monótono, casi mecánico, como si la gravedad de mis circunstancias no pudiera afectarla. Me dijo que serían necesarias varias pruebas para descartar posibles trastornos neurológicos, y aunque sus palabras deberían haberme inquietado, lo único en lo que pude concentrarme fue en la extraña calma que parecía envolverla.

Lo que más recuerdo de ella no fue su diagnóstico, sino sus ojos grises, fríos y analíticos, que ya no parecían conmoverse después de haber visto tantas vidas al borde de la muerte. Sin embargo, en contraste con esa mirada distante, su perfume fue una sorpresa inesperada. Un suave aroma a jazmín y vainilla flotaba en el aire a su alrededor. Esa fragancia dulce y cálida me resultó reconfortante. Era un leve recordatorio de la vida fuera de esas paredes, una pequeña chispa de normalidad en un entorno donde todo lo demás parecía sombrío y hostil. Ese delicado perfume se convirtió en un refugio momentáneo, algo a lo que aferrarme cuando todo lo demás parecía incierto.

Mientras la doctora hablaba, su voz impersonal seguía llenando el espacio, pero sus palabras se deslizaban sobre mí sin llegar a tocarme. Podía verla mover los labios; sin embargo, su discurso parecía perderse en la distancia. Una parte de mí continuaba en otro lugar, un lugar más allá de los cortinajes que me rodeaban y de las máquinas que pitaban con insistencia. Aún no me sentía plenamente en este mundo.

Estaba agotada, así que me dejé llevar por la fatiga, permitiendo que la voz distante y el suave perfume se mezclaran con mis pensamientos, envolviéndome en un sueño del que no podía escapar.

Para sorpresa de los médicos, no presentaba ninguna secuela después de haber estado veinticuatro minutos clínicamente muerta. Al encontrarme en buen estado, me trasladaron pronto de la UCI a una habitación normal.

Lo que me había sucedido era claramente sobrenatural, y aunque de vez en cuando surgían en mi mente preguntas sobre lo que había vivido, comprendía que ese no era el momento de buscar respuestas, sino simplemente de sentir. Era el momento de dejar que mi cuerpo, mi ser entero, experimentara la alegría pura y desbordante de estar viva. Por primera vez, no tenía miedo de nada. Me sentía ligera, libre, como si todas las ataduras que alguna vez me encadenaron se hubieran roto. Podía notar mi nueva piel; cada fibra de mi cuerpo estaba impregnada de una serenidad que jamás había conocido. Cada célula vibraba en perfecta armonía, como si todo lo que había en mi interior se hubiera recalibrado y entrado en consonancia con una energía mucho más grande de lo que podía comprender.

Tenía una certeza profunda, inquebrantable: mi nuevo ser no era fruto del azar. Venía de algo más inmenso, de un poder superior que me había otorgado una segunda oportunidad, un regalo de vida que pocos reciben. Esa sensación de conexión era desbordante en su inmensidad, como si estuviera sintonizada con algo indestructible, algo que trascendía cualquier nombre o forma. Era una energía infinita, más allá de lo humano; algo que envolvía el universo entero y, al mismo tiempo, fluía a través de mí. No solo la sentía correr por mi interior; comprendía que yo también formaba parte de esa inmensidad sin límites, que estaba integrada en esa energía que lo conectaba todo.

Era plenamente consciente de que esa fuerza superior me sostenía y me protegía. Yo no estaba separada de ese poder, sino que formaba parte de ese Todo, de esa energía inconmensurable que fluía a través de mis venas y me daba vida. En ese estado de gracia, comprendí que la separación entre lo divino y lo humano es solo una ilusión. Aquella fuerza superior no solo me envolvía: también era yo; y yo, a mi vez, formaba parte de ese infinito.

Había regresado a mi verdadero origen, a un lugar que siempre estuvo allí, esperando pacientemente a que yo despertara y lo reconociera. No había preguntas que formular ni dudas que resolver. Todo lo que importaba ya residía en mi interior: la certeza, la paz, y un profundo agradecimiento por esa segunda oportunidad de vivir.

Lo más maravilloso de todo era que había desaparecido el dolor emocional que me había consumido durante tanto tiempo. Mi espíritu, por fin, había dejado de sufrir.

Sin embargo, junto a esa alegría también sentía una fragilidad extrema; mi cuerpo parecía mucho más vulnerable que antes. En el otro lado me sentía invencible, libre de cualquier debilidad física o emocional. Pero, de vuelta en el mundo de los vivos, me enfrentaba a una realidad que nunca había considerado: vivir es lo verdaderamente difícil. Tras meses temiendo la muerte, aterrada por su llegada, en ese instante de revelación comprendí algo nuevo y desconcertante: lo que en realidad me asustaba en ese momento era la vida. ¿Cómo vivir a partir de entonces? Los médicos dijeron que mi enfermedad seguía presente.

No le conté a nadie en el hospital lo que había vivido en el otro lado. Tenía miedo de que, si hablaba de ello, pensaran que estaba loca. Así que guardé silencio, deseando regresar a casa lo antes posible. Tenía que luchar por el tiempo que me quedase de vida. Esa vez no iba a rendirme. Moriría en paz y con dignidad.

Me encontraba en un estado de armonía muy similar al que había experimentado en el otro lado. Reflexioné sobre todo lo ocurrido en las últimas horas, y no pude evitar sentir asombro. Muchos lo considerarían un milagro. Renacer después de veinticuatro minutos de muerte clínica no es algo habitual. Los médicos no lograban ponerse de acuerdo sobre qué tipo de experiencia había vivido. Los oía debatir sobre términos como experiencia cercana a la muerte (ECM), infarto agudo de miocardio o muerte clínica. Sin embargo, no llegaron a un consenso.

En la pequeña clínica donde había sucedido todo no disponían del instrumental médico adecuado para manejar una situación de esa magnitud ni para hacer un diagnóstico fiable. Cuando llegó la ambulancia, veinticuatro minutos después, yo no tenía pulso. Los sanitarios me reanimaron utilizando un desfibrilador, un equipo especializado para este tipo de emergencias. Según el personal de la clínica, durante todo ese tiempo estuve sin latido ni respiración. Aunque parece improbable, no es imposible. Poco después, comencé a conocer a hombres, mujeres y niños que habían vivido una experiencia muy similar a la mía.

Me enteré de más casos a través de los medios de comunicación, como el de Zack Clements, un adolescente de Texas. En 2015, mientras corría en su clase de educación física, Zack se desmayó repentinamente. Un compañero intentó reanimarlo sin éxito y lo trasladaron de urgencia al Centro Médico de Niños en Fort Worth, Texas.

Cuando los padres de Zack llegaron al hospital, recibieron una noticia devastadora: su hijo llevaba veinte minutos sin vida. Sin embargo, contra todo pronóstico, el corazón de Zack volvió a latir por sí solo.

Esto es lo que Zack relata sobre lo que vivió cuando su corazón dejó de latir: «Vi a un hombre con el cabello largo y rizado y una barba espesa. No tardé en darme cuenta de que era Jesús», explicó el joven. «Me acerqué a Él, me puso su mano en el hombro y me dijo: "Todo estará bien, no te preocupes"», continuó Zack.

Su padre, Billy Clements, reconoció que la historia de su hijo podía ser difícil de aceptar para algunas personas, pero para él y su familia, era lo único que tenía sentido.

En lo que respecta a su encuentro con Jesús, pienso que las creencias culturales y religiosas de cada persona influyen en cómo se viven las experiencias cercanas a la muerte. Sin embargo, hay un elemento común en todos los casos que he conocido, incluido el mío: la frase tranquilizadora «Todo estará bien, no te preocupes» se repite constantemente.

Otro caso muy impactante es el de Fabrice Ndala Muamba, exfutbolista congoleño y centrocampista del Bolton Wanderers. El 17 de marzo de 2012, durante un partido contra el Tottenham, cayó desplomado tras sufrir un paro cardiaco. Se hizo el silencio en el estadio del norte de Londres ante el horror de lo que estaba ocurriendo. El corazón de Fabrice Muamba, de tan solo 23 años en ese momento, había dejado de latir. El joven permaneció setenta y ocho minutos clínicamente muerto hasta que la reanimación cardiopulmonar (RCP) logró finalmente revivirlo, permitiéndole regresar a su vida normal.

Uno de los médicos que me atendió me explicó que la probabilidad de sobrevivir a una parada cardiorrespiratoria se reduce a la mitad después del sexto minuto. En ese momento crucial se traza la delicada línea entre la vida y la muerte. Debido a la falta de oxigenación, los pacientes que sobreviven a un paro cardiaco corren un alto riesgo de sufrir secuelas, que pueden variar desde daños leves hasta graves, como el estado vegetativo o el coma persistente.

Mis posibilidades de sobrevivir habían sido mínimas. Nunca había creído en los milagros, pero si existían, yo era uno. Mientras me encontraba sola en la habitación del hospital, rodeada por el silencio, mis pensamientos se arremolinaban. Se me había devuelto la vida, pero no era la liberación completa que hubiera imaginado. En el otro lado todo era más fácil, el dolor no existía. Pero en la vida, mi alma estaba aprisionada en un cuerpo enfermo. Sin embargo, aunque las circunstancias seguían siendo las mismas, algo dentro de mí había cambiado. Podía sentirlo en las profundidades de mi ser, una transformación que aún no entendía por completo, pero que estaba allí, vibrando en lo más íntimo de mi alma.

Los recuerdos de lo que viví durante mi viaje al otro lado, acompañada por aquellos seres de luz, me proporcionaban un calor acogedor en medio de un lugar tan frío como el hospital. También recordé a la mujer que me había llevado a la clínica. Su imagen permanecía clara en mi mente, y sabía que su recuerdo me acompañaría hasta el último día de mi vida. Cuidó de mí con una ternura que nunca olvidaré. A veces, cuando veo a niños felices jugando, no puedo evitar pensar en sus hijos. La alegría de aquellos dos pequeños parecía contener la fuerza del universo. Recordarlos me llenaba de una ternura indescriptible, como si, de algún modo, todavía estuvieran presentes en el mundo.

La vida me había otorgado más tiempo, y debía hacerme merecedora de ese regalo. Comprendí que nada sucede por casualidad. Mi regreso tenía un propósito. No era cuestión de preguntar «por qué», sino «para qué» había vuelto. Las vidas humanas, aunque a veces parezcan caóticas o difíciles, siempre tienen un sentido profundo. Y cuando nos enfrentamos a algo que no podemos aceptar, es allí, en esa pregunta de «para qué», donde encontramos el verdadero significado de nuestra existencia.

A medida que despertaba lentamente a esa nueva vida, mi mente se llenaba de reflexiones sobre lo ocurrido. Las emociones golpeaban con fuerza mi pecho; era una mezcla de deseos encontrados. Quería llorar. Quería reír. ¡Estaba viva! Mientras me quedase un aliento de vida, lucharía con todas mis fuerzas para ser feliz el tiempo que me quedase.

Sin embargo, las imágenes de lo que experimenté en el otro lado se repetían en mi mente. No encontraba las palabras para describir lo que me había sucedido, ni siquiera a mí misma. En ese entonces, en 2007, hablar de esas cosas era como caminar sobre terreno prohibido. Las experiencias cercanas a la muerte eran vistas con escepticismo y desconfianza, como si fueran relatos de fantasía de personas que buscaban atención. Yo misma había sido una de esas personas que juzgaba con dureza a quienes contaban historias sobre encuentros con los muertos.

Pero después de haber vivido lo que viví, sabía que todo era real. No era un cuento ni una ilusión. Había sentido aquellas presencias, había visto lo imposible. Y esa certeza, esa verdad profunda, me estremecía hasta lo más hondo de mi ser.

Entonces, mientras cerraba los ojos aquella noche, comprendí que lo que me esperaba a partir de ese momento no era solo un regreso a la vida que conocía, sino un viaje hacia algo mucho más grande, algo que apenas había comenzado a vislumbrar.

5

Escalera al cielo

El verdadero misterio del mundo es lo visible, no lo invisible.

OSCAR WILDE

Carmen me escuchaba con atención mientras le relataba lo que había vivido al otro lado. Sus ojos, grandes y llenos de curiosidad, a veces brillaban de asombro; otras veces los cerraba, intentando visualizar cada detalle, cada fragmento de lo que yo le describía. Hubo un momento en que, al hablarle de mi llegada a la pequeña clínica, su expresión cambió. Una profunda tristeza le invadió el rostro, como si por un instante hubiera sentido el dolor que yo experimenté.

—Elegí revolcarme en mi miseria —le dije en voz baja, casi como si estuviera confesando un secreto que me pesaba en el alma—. Fue lo que elegí. Afrontar el dolor requiere valentía, pero victimizarse es más sencillo… Tomé el camino fácil.

La anciana asintió, comprendiendo no solo mis palabras, sino también el arrepentimiento que ocultaban. Después de un momento de silencio, susurró con dulzura:

—Dios tomó tu sufrimiento y lo transformó en algo hermoso. Siempre supo lo que hacía contigo… Me alegra tanto que estés aquí ahora.

Le expliqué que, durante mi estancia en el otro lado, conceptos como el tiempo y el espacio dejaron de tener el significado que les damos en este mundo. Allí no existían como dimensiones lineales o limitantes. El tiempo no avanzaba de manera secuencial, como lo hace aquí, donde lo medimos en minutos y horas; más bien, era como si todo ocurriera simultáneamente, en una especie de presente eterno. El espacio, por su parte, no estaba definido por distancias físicas; no había fronteras ni límites tangibles. En lugar de moverte de un lugar a otro como lo harías aquí, parecías estar en todos lados a la vez, o simplemente ser parte de una realidad mucho más amplia, donde el concepto de distancia desaparecía por completo. Es difícil de describir con palabras humanas, ya que estos conceptos se vuelven irrelevantes en ese estado de existencia.

Le hablé del inesperado encuentro con mi amiga

Isabella. Justo en el momento en que estaba a punto de cruzar hacia la luz blanca, apareció ante mí su figura, bloqueando el paso. Después, los seres de luz aparecieron detrás de mí. En ningún momento sentí miedo de ellos. Al contrario, el amor que desprendían era tan inmenso, tan puro, que me sentí envuelta en una calidez que no había conocido antes, una conexión profunda que me decía que, aunque no los reconocía físicamente, los conocía desde siempre.

¿Quiénes eran?

Eran figuras humanas, pero distintas a cualquier ser humano que hubiera visto antes. Tenían la piel extremadamente pálida, casi etérea, y unos ojos verdes que parecían penetrar hasta el fondo del alma. Sus cabellos, rubios y lisos, caían suavemente sobre sus hombros.

Eran ocho en total, y todos se parecían mucho entre sí: aproximadamente una cabeza más altos que yo, con una estatura de alrededor de un metro ochenta. Vestían todos trajes idénticos de dos piezas, chaqueta y pantalón, completamente blancos, sin costuras ni detalles visibles, como si la tela estuviera hecha de la luz misma que los envolvía. Sus rostros, serenos y apacibles, transmitían una profunda confianza y tranquilidad.

El que se encontraba en el centro se acercó lentamente hasta quedar frente a mí. A diferencia de los demás, no era tan alto ni tan delgado, y su cabello, en lugar de liso, era ligeramente ondulado. Sus ojos, profundos y serenos, parecían contener universos enteros, como si pudieran ver más allá de mi exterior, más allá de mi historia, y adentrarse en lo más profundo de mi alma. Fue entonces cuando lo sentí: una extraña sensación de familiaridad. No era alguien a quien hubiera conocido antes, de eso no cabía ninguna duda. No pertenecía a mi familia biológica, al menos que yo supiese, pero la conexión que sentía era tan profunda que me resultaba imposible ignorarla.

Era como si de alguna manera, más allá de lo terrenal, más allá de la vida que conocía, él y yo fuéramos familia. No por sangre, sino por algo mucho más antiguo y sagrado. Pensé que compartíamos el mismo ADN espiritual, como si fuéramos hermanos de alma, hechos del mismo polvo de estrellas que había dado forma al universo. Había algo en él que resonaba con una parte de mí que siempre estuvo oculta, un vínculo tan poderoso que, aunque no lo conocía, aunque nunca lo había visto antes, me llenaba de amor.

Un lazo invisible nos unía, algo que no podía explicarse con palabras humanas. Era una certeza silenciosa, un conocimiento profundo que surgía del corazón: estábamos hechos de la misma esencia, de la misma luz primigenia que había visto nacer galaxias.

Éramos parte de lo mismo, fragmentos de una creación compartida.

Me sentía unida a él de una manera inexplicable, y ese lazo me llenaba de una paz que no había sentido nunca. No era necesario conocerlo para amarlo. El amor que surgió en ese instante no requería de palabras, no necesitaba una historia compartida; simplemente estaba ahí, brotando como una corriente silenciosa, envolviéndome en una calidez que lo abarcaba todo.

Al mirarlo, reconocía en él algo eterno, algo que siempre había estado allí, esperando el momento en que nuestras almas se volvieran a encontrar.

Cuando lo vi por primera vez, con su presencia ligeramente distinta a la de los otros, supe de inmediato que había algo especial en él. No era solo un miembro más del grupo; había una energía en su mirada, una conexión que iba más allá de lo que yo podía entender en ese momento. Sentí que era él quien me acompañaría, quien guiaría mis pasos en esa travesía hacia lo desconocido. A medida que avanzábamos, esa sensación se hizo más fuerte. Su presencia irradiaba confianza, serenidad y un amor profundo, un amor que no exigía palabras, que no necesitaba explicación. Era como si siempre hubiera estado allí, esperando por mí, para mostrarme el camino.

Desde entonces, lo he llamado «mi guía», porque

así lo sentí desde el primer instante, y así continúa siendo en mi corazón.

—¿Vienes? —preguntó.

Su voz no salió de sus labios. Fue una experiencia diferente, mucho más íntima, como si su pregunta hubiera surgido directamente dentro de mi mente. Una comunicación profunda, sin palabras ni barreras. Me quedé inmóvil por un segundo, intentando comprender lo que acababa de suceder. No había sido una conversación común, sino un intercambio de pensamientos, un flujo directo entre nuestras conciencias. Su voz vibraba en el interior de mi ser.

—¿Dónde estoy? —pregunté. Aunque las palabras nunca salieron de mis labios, él las oyó al instante.

Fue entonces cuando me di cuenta de que no solo él se comunicaba de esa manera, sino que yo también podía hacerlo. No hacía falta hablar, no había necesidad de sonidos ni de gestos. Nos comunicábamos a través de una forma de conciencia compartida, una especie de telepatía que trascendía cualquier tipo de lenguaje humano. A pesar de lo extraño que resultaba, me sentí sorprendentemente cómoda, como si ese modo de comunicación hubiera estado siempre latente dentro de mí, esperando a ser descubierto.

Nuestros pensamientos fluían de manera clara, sin confusión ni malentendidos. Era una conexión pura, más directa y sincera que cualquier conversación que hubiera tenido en la Tierra. Sabía lo que él pensaba antes de que me lo comunicase, y a él le sucedía lo mismo conmigo. Todo era natural, como si esa fuera la verdadera forma de comunicación y las palabras que usamos en la vida terrenal no fueran más que sombras de ese intercambio.

Me invitó a seguirlo, y lo hice sin dudar, sintiendo una confianza total en él. Caminábamos juntos, pero no andábamos realmente. Es difícil describir la sensación. Por un lado, me parecía flotar suavemente, deslizándome por un espacio desconocido, sin la resistencia habitual del cuerpo físico. Sin embargo, por otro lado, sentía una forma corpórea, como si aún tuviera un cuerpo con cabeza, brazos y piernas. Pero ese cuerpo no era como el que había conocido, sino más ligero, más etéreo, y sin embargo, real.

Me acercaba cada vez más a un misterio que no comprendía. Mi mente trataba de darle sentido a lo que estaba experimentando, pero parecía que las leyes de la lógica no regían en ese lugar. Me desplazaba, pero no sabía cómo ni hacia dónde. Mi cuerpo, si es que podía llamarlo así, respondía de maneras nuevas, como si hubiera sido liberado de las limitaciones de la materia.

Detrás de nosotros, el resto del grupo se movía en perfecta armonía. Todos estábamos conectados de alguna manera, no solo a través de la telepatía, sino por algo más profundo, algo que aún no podía nombrar.

El mundo que conocía parecía muy lejano, muy pequeño en comparación con lo que estaba viviendo. Yo intentaba encontrar un punto de referencia, algo que pudiera compararse con lo que estaba sucediendo, pero no había nada. Me encontraba en un lugar nuevo, un estado del ser que trascendía lo que entendemos como realidad.

No tenía conciencia de si estaba viva o muerta. La verdad es que tampoco me importaba. El concepto de vida o muerte no tenía peso en ese lugar; sencillamente, yo estaba ahí, presente, existiendo de una manera que nunca había experimentado. No había dudas, ni miedos, ni urgencias. Solo sentía una paz interior tan profunda, tan absoluta, que ninguna preocupación podía romperla. Todo lo que alguna vez me atormentó había desaparecido, como un sueño del que apenas quedan rastros al despertar.

El entorno que me rodeaba era un misterio. No sabría describir el lugar en el que estábamos. No había paredes, ni techos, ni puertas, pero tampoco sentía que estuviéramos al aire libre. No se parecía a nada de lo que conocía en la Tierra. Nos rodeaba una luz suave, envolvente, pero yo no veía de dónde procedía. Simplemente estaba ahí, guiándonos, iluminando el camino sin un origen visible.

Con el tiempo, al volver la mirada a esa experiencia, han ido regresando a mi memoria algunos detalles y sensaciones, a la manera de fragmentos de un sueño largo y profundo. Era como si nos encontráramos en una especie de observatorio astronómico, pero diferente a los de la Tierra, con estructuras y telescopios. El universo era nuestro observatorio; estábamos dentro de él, inmersos en su infinita vastedad. Podía sentir que las estrellas y galaxias nos rodeaban no como puntos lejanos en el cielo, sino como una presencia palpable, cercana, formando parte del mismo aire que respirábamos. Aunque no veía un horizonte, no percibía un suelo bajo mis pies ni un techo sobre mi cabeza, sabía que estábamos en algún lugar del cosmos.

Ya no recordaba el dolor físico o emocional que había sentido antes. Era como si todo lo que había vivido, lo que me había preocupado, lo que había sufrido, hubiera ocurrido en otra vida, en un tiempo tan lejano que ya no tenía importancia. Ni siquiera podía recordar de qué manera se sentía el dolor, físico o emocional, como si el simple acto de estar en ese lugar lo hubiera borrado de mi existencia.

El tiempo también se había diluido. No sabía cuánto había pasado, ni me importaba. El tiempo mismo carecía de sentido. Todo lo que alguna vez me había atado a la Tierra —las horas, los minutos, los días—

dejó de tener relevancia en ese lugar donde la eternidad se extendía sin fin. Yo simplemente existía, moviéndome de manera suave, en un estado de paz indescriptible, mientras la luz nos envolvía, guiándonos de una manera que no necesitaba palabras ni explicaciones.

No había ningún sentido de urgencia, ni siquiera curiosidad por lo que vendría después. Me bastaba con estar allí, acompañada por esos seres y por esa luz que no venía de ninguna parte, pero que lo llenaba todo.

Todo lo que había sido yo antes de ese momento, cada experiencia, cada emoción, cada pensamiento, se desvaneció. Lo que quedaba era una sensación de unidad con el universo, una profunda conexión con algo mucho más grande que cualquier cosa que pudiera haber imaginado. Por primera vez, estaba viviendo sin las cargas del mundo, sin el peso del cuerpo, sin las cadenas del tiempo. Y, en esa libertad, en esa paz infinita, comprendí que no importaba si estaba viva o muerta, porque lo que sentía iba más allá de todo eso. Estaba en un lugar donde el amor y la serenidad eran las únicas verdades que existían.

Mi guía y los demás me acompañaron hasta un ascensor, que en un primer momento no parecía diferente a cualquier otro que hubiera visto antes. Sin embargo, al observarlo más detenidamente, me invadió una sensación extraña, como si ese ascensor, aunque familiar, no fuera real en el sentido que yo conocía. Tenía una apariencia tranquilizadora, con suaves bordes y un color cálido, una mezcla de tonos dorados y ámbar que emitían una luz suave, casi como si el propio ascensor estuviera envuelto en un resplandor dorado, diseñado para calmar cualquier temor. Sabía que era una ilusión que habían creado cuidadosamente para que mi mente pudiera asimilar, sin miedo ni sobresaltos, lo que estaba a punto de ocurrir. Era un puente entre dos realidades, presentado de una manera que pudiera comprender.

Mi guía, con su eterna serenidad, me invitó a entrar en el ascensor, quedándose fuera junto con los demás. No sentí necesidad de que me acompañaran; sabía que estaba a salvo. Aunque comprendía que el ascensor no era real, lo acepté como un símbolo que suavizaba mi transición hacia lo desconocido. Era una forma de permitir que mi mente se preparara sin miedo para lo que vendría. Al cerrar las puertas, el ascensor arrancó con una velocidad vertiginosa hacia arriba. La aceleración no era dolorosa ni molesta, sino que más bien me llenaba de emoción, como la que se siente en una montaña rusa que se precipita a toda velocidad, pero, en lugar de pánico, lo que me embargaba era una mezcla de euforia y asombro. Al mirar arriba, me di cuenta de que el techo del ascensor era transparente y a través de él podía observar un espectáculo que me dejó sin aliento.

Atravesaba un pasillo cósmico de luces refulgentes, destellos que se arremolinaban y danzaban a mi alrededor como si el universo mismo estuviera pintando su propia obra maestra solo para mí. No veía paredes ni estructuras; el espacio en el que me movía era infinito, y esas luces parecían estar conectadas a algo más grande, algo cósmico y eterno. ¿Estaba viajando por el universo?

Me deslizaba a través de las estrellas, aunque no podía distinguirlas claramente. A esa velocidad, las formas se difuminaban; sin embargo, la sensación era inconfundible: el universo entero me rodeaba.

Todo sucedía muy rápido a pesar de que, a la vez, el tiempo parecía haberse detenido. Era un viaje que desafiaba cualquier ley física que hubiera conocido y, sin embargo, me sentía completamente en paz, como si ya lo hubiera vivido antes.

El ascensor frenó de golpe, pero no sentí sacudida alguna. Las puertas se abrieron suavemente, y allí estaban ellos, esperándome, con la misma serenidad infinita con la que me habían invitado a entrar.

Ese viaje me había mostrado que el universo, aunque infinito y misterioso, estaba lleno de una luz suave que siempre guiaba en el camino.

Nos encontrábamos en las escaleras que llevaban

a la primera planta de la casa donde vivía entonces. Sin embargo, el ambiente resultaba diferente. Noté que, aunque la casa era la misma, algo había cambiado. Los muebles no eran los míos, las paredes estaban pintadas de un color diferente, todo estaba cubierto de un velo de irrealidad.

En el salón, se desarrollaba ante mí una escena cotidiana. Una mujer, su marido y su hijo pequeño jugaban alegremente con un cachorro de perro. Los sonidos de risas y felicidad llenaban el aire, pero había algo inquietante en todo aquello, algo que no encajaba. Yo observaba desde las escaleras, desconcertada, incapaz de comprender por qué estaba viendo esa familia en mi casa, una casa que ya no parecía completamente mía.

De repente, como si una mano invisible lo hubiera borrado todo, el salón y la familia se desvanecieron. Ante mí surgió un nuevo escenario: un funeral. La atmósfera era pesada, densa, llena de pena y lamentos.

Reconocí a las personas que lloraban. ¡Eran de mi familia! Mis hermanos, primos, amigos, todos sumidos en un gran sufrimiento. No entendía qué estaba sucediendo.

Volé hacia ellos rápido tan rápido que el espacio parecía distorsionarse a mi alrededor. Al llegar, vi lo que rodeaban con tanto desconsuelo: un ataúd.

¿Dónde estaba mi madre? Busqué entre los rostros, tratando de encontrarla, pero no estaba allí.

Presté atención a lo que decían. ¡Era mi madre! Había fallecido a los pocos días de mi propia muerte. El dolor por mi partida había sido demasiado para ella.

¿Yo estaba muerta?

En aquel estado, no había ninguna preocupación por estar viva o muerta; esos conceptos simplemente no existían de la manera en que los entendemos en este mundo. Mi madre había fallecido después que yo. Sin embargo, esa secuencia de acontecimientos era irrelevante, lejana, no tenía importancia. Allí, las palabras «vida» y «muerte» no tenían sentido ni relevancia.

Sabía que mi vida física había terminado, pero esa comprensión quedaba difusa en mi conciencia. El tiempo no existía, y lo que había sido mi vida en la Tierra se desvanecía lentamente en una calma infinita.

Había aceptado a un nivel muy profundo que no necesitaba entenderlo todo. El universo parecía haber detenido su marcha, como si todo estuviera en pausa, permitiendo que ese estado de calma y misterio fuera suficiente. No era necesario desvelar qué había sucedido o si estaba realmente muerta. El misterio en sí mismo era mi nueva verdad.

Mi guía se acercó, irradiando una energía que me

envolvía en una armonía perfecta. Sentí que me atravesaba un amor tan profundo como si una fuerza mucho mayor estuviera sanando y protegiendo todo mi ser, algo que solo podía entenderse desde lo más profundo del alma, no de la mente. No se trataba solo de una presencia; era una certeza incuestionable, una comprensión pura que venía desde un lugar más allá de las palabras.

Cuando su energía se fundió con la mía, sentí que cada partícula de mi ser estaba en consonancia con el universo.

Sabía, sin la necesidad de explicaciones, que me encontraba a salvo. Me estaba guiando algo mucho más grande que yo y, aunque no comprendía completamente qué estaba sucediendo, lo que sí sabía era que estaba exactamente donde debía estar.

En cuanto a esos seres, nunca había prestado atención a las historias de este tipo. Las experiencias relacionadas con la muerte, lo que ocurre después, nunca despertaron en mí ningún interés. Siempre había sido escéptica, reacia a creer en la idea de un dios, de una inteligencia superior o de cualquier forma de vida más allá de lo que mis ojos podían ver. No creía en nada que no pudiera probar o entender racionalmente.

Mi escepticismo había sido solo una sombra ante la verdad más grande de todas: el amor y la guía siempre están ahí, aunque no los veamos.

Ahora, no me siento obligada a ponerle un nombre o una etiqueta a esos seres. Ellos eran la manifestación de algo mucho más profundo y misterioso, algo que me cuidaba y hacía sentir amor. Y eso, para mí, es suficiente.

6

A través del universo

¿Quieres saber quién era aquella familia que vi en mi casa cuando estaba en el otro lado? Esa imagen fugaz, casi onírica, no fue un mero espejismo. Después de mi experiencia cercana a la muerte, vendí mi casa, creyendo que el capítulo de ese lugar estaba cerrado. Pero el destino tenía otros planes.

Un año después, por pura casualidad, conocí a la mujer que vivía en la que fue mi casa. Fue un encuentro inesperado, de esos que parecen orquestados por fuerzas invisibles. Me invitó a merendar allí y, al cruzar el umbral, me invadió una sensación extraña y familiar. Todo estaba tal y como lo había visto durante mi viaje en el otro lado. Los muebles, la decoración, el ambiente... Nada había cambiado. Me presentó a su marido y a su hijo y, en ese instante, mi corazón dio un vuelco. ¡Eran los mismos de mi visión! El cachorro ya no era tan pequeño, pero la escena era idéntica. Había visto el futuro desde el otro lado, y ahora lo estaba viviendo.

Ella era una mujer muy especial, irradiaba una vibración tan alta que su sola presencia llenaba el aire de alegría y serenidad. Había algo en ella que trascendía lo común, como si hubiera sido destinada a cruzarse en mi vida.

—Siento que esta casa me ha estado esperando desde siempre —dijo ella—. ¿Sabes a qué me refiero?

Claro que lo sabía. Perfectamente. Cada detalle, cada momento que había vivido encajaba con una precisión desconcertante. Era como si todo lo que había experimentado, cada pieza de mi vida hubiera formado parte de un diseño mayor que yo aún no lograba comprender del todo.

Son muchas las cosas que me gustaría poder explicarte acerca de mi experiencia cercana a la muerte (ECM), pero las palabras se quedan cortas. ¿Cómo se puede poner en palabras lo inefable? ¿Cómo describir lo que va más allá de lo humano, lo que escapa al tiempo, al espacio y a la lógica que conocemos? A veces siento que intentar describirlo es como tratar de atrapar un susurro en medio del viento. Hay verdades que simplemente no pueden ser dichas.

¿Sabes? A veces sueño, o tal vez recuerdo, que hace miles de millones de años, un meteorito gigantesco cruzó el universo y cayó en el lugar exacto donde mucho tiempo después se levantaría la pequeña clínica en la que sucedió todo. Es una imagen tan vívida, tan llena de misterio y significado que parece que no puede ser solo una fantasía. Ese impacto dejó un hueco profundo en la tierra, un vacío que permaneció allí durante milenios, esperando, paciente, como si el mismo cosmos lo hubiera diseñado para un propósito que solo con el tiempo se revelaría.

Pienso en cómo la naturaleza y el universo, con su sabiduría infinita, fueron modelando el terreno, erosionándolo lentamente con el viento, la lluvia, el tiempo. Todo, cada pequeño detalle parecía estar conspirando para crear el lugar perfecto, el único lugar en el que mi vida y mi muerte debían entrelazarse. Los elementos, el paso de los siglos, las fuerzas invisibles del cosmos… Todo desempeñó su papel para que ese lugar se convirtiera en la clínica donde, en ese día preciso, a esa hora exacta, yo dejaría de ser lo que fui.

Es como si aquel meteorito, que cayó miles de millones de años atrás, hubiera sido enviado no solo para cambiar la faz de la tierra, sino para preparar el escenario de mi transformación. Como si su impacto hubiera resonado a lo largo del tiempo, no solo en la tierra misma, sino en mi destino, en lo que estaba por venir. Como si el eco de ese cataclismo hubiera marcado el lugar y el momento exactos de mi muerte.

Y cuando miro hacia atrás, cuando trato de entender el entramado de acontecimientos que me llevaron hasta ese día, no puedo evitar sentir que todo tuvo un porqué. Cada pequeño detalle, cada coincidencia, cada paso que di en mi vida parecían estar perfectamente orquestados. No fue azar. No pudo haber sido casualidad. El meteorito, la erosión, la construcción de esa clínica, mi llegada allí... Todo encajaba con una precisión casi divina.

No hay ninguna pieza suelta o fuera de lugar en el rompecabezas de la vida. Cada fragmento, incluso los más oscuros, incluso los que en su momento parecen dolorosos o incomprensibles, forma parte de un todo armonioso. Mi muerte, mi ECM, mi renacimiento espiritual... Todo se desarrolló como debía, como si el universo mismo hubiera sido un cuidadoso arquitecto, tejiendo mi historia con hilos invisibles pero firmes, hasta llevarme a ser lo que soy hoy.

Y es esa certeza la que me llena de serenidad. Saber que, desde hace miles de millones de años, todo estaba destinado a suceder tal y como sucedió, que el meteorito que cayó en aquel remoto pasado no solo modeló la tierra, sino también mi destino, y que, de alguna forma sagrada, todo tenía sentido, todo encaja de manera perfecta. El cosmos, con sus misterios insondables, ya sabía quién sería yo mucho antes de que yo lo supiera.

7

Tratar de estar mejor

> No hay nada como volver a un lugar que no ha cambiado para darte cuenta de cuánto has cambiado tú.
>
> Nelson Mandela

Salí del hospital de la mano de un familiar, la única persona que sabía lo que me había sucedido. Yo temblaba de la cabeza a los pies a cada paso que daba; sentía que mi cuerpo, frágil como el cristal, parecía estar a punto de romperse en mil pedazos. Apenas me atrevía a caminar, pero su presencia, su mano firme sosteniéndome, me ayudaba a encontrar el valor necesario para seguir avanzando.

Muy despacio, logramos llegar al final de las escaleras. Me costaba caminar no porque quedara alguna secuela en mis piernas, sino porque me daba miedo.

Me sentía como una niña aprendiendo a andar por primera vez. Todo en mí era nuevo, y el temor a tropezar y caer estaba presente en cada movimiento. Entonces me detuve, completamente extasiada por lo que apareció ante mis ojos.

Nunca había visto un atardecer tan hermoso. Un resplandor violeta bañaba el horizonte como si todo el universo estuviera celebrando mi regreso.

En ese instante imaginé que así debía de sentirse uno al nacer. Era como si mi alma fuera bienvenida a este mundo por primera vez, después de haber estado tan cerca de dejarlo. Con una sonrisa emocionada, saludé al sol y, en respuesta, él me envolvió en su cálida luz. Sentí que la Tierra, con toda su belleza y su luz, iluminaba mi camino, dándome la bienvenida de nuevo a la vida.

Mientras caminábamos hacia el coche, recorría con los ojos todo a mi alrededor como si estuviera viendo el mundo por primera vez. Cada detalle, cada rostro y cada sonido me parecían extraordinariamente vívidos, como si hasta ese momento hubiera vivido con los ojos cerrados. Mi familiar me observaba con curiosidad, con un brillo intrigante en los ojos, como si supiera algo que yo aún no entendía. Con una voz suave pero llena de expectativa, me preguntó si yo veía algo diferente, lanzándome un acertijo del que él ya conocía la respuesta.

Y entonces me di cuenta. Las personas que paseaban, que se sentaban en las terrazas de los bares con sus maridos, esposas, hijos y amigos, parecían las mismas de siempre, las del mundo que yo había conocido antes de mi experiencia. Sin embargo, algo en ellas había cambiado. Lo comprendí en un instante: la mayoría de esas personas no eran felices, y yo lo sabía con una certeza que no podía explicar.

Mi familiar me miró con una sonrisa cómplice en el rostro y dijo con voz suave: «Hoy es el primer día del resto de tu vida». No comprendí del todo el peso de sus palabras en ese momento, pero sonaron llenas de magia y promesas. Unas lágrimas silenciosas se deslizaron por mis mejillas. Sentía la vida fluir en mí con una intensidad que jamás había experimentado. Vivir, de repente, se convirtió en algo emocionante, en una aventura por descubrir.

Antes de subir al coche, miré atrás. Sabía que una parte de mi viejo yo se quedaría allí, en aquel hospital. Pero mientras dejaba atrás esa versión mía, algo nuevo y más profundo nacía dentro de mí.

Podía ver con claridad algo que antes me resultaba invisible: la mayoría de aquellas personas no eran realmente felices. Fingían llevar una vida dichosa, interpretando un papel que quizá ni ellos mismos sabían que estaban representando. O lo que era aún más doloroso, tal vez incluso creían en esa falsa felicidad. Caminaban por la vida sin ser conscientes del vacío que los envolvía, de lo gris que se había vuelto su existencia. Preferían quedarse en su zona de confort aunque no tuviera nada de confortable. Era más fácil mantener las apariencias, seguir el guion que la sociedad les había impuesto que atreverse a romper con todo y buscar una felicidad auténtica que los sacudiera y los hiciera sentirse verdaderamente vivos.

Verlo con tanta claridad me llenó de compasión. Me di cuenta de que, antes de mi experiencia, yo también había estado así: atrapada en una ilusión, ciega ante lo que realmente significa vivir en plenitud. Sin embargo, estaba comenzando a despertar a una verdad más profunda, una verdad que muchos de ellos tal vez nunca llegarían a conocer. Nos aferramos a la ilusión de que somos inmortales, hasta que, sin aviso, nos enfrentamos a nuestra propia mortalidad. Solo en ese momento entendemos que lo esencial no es cuánto tiempo estamos aquí, sino cómo vivir cada uno de los instantes que se nos han concedido.

Cuando subí al coche con mi familiar, el aire se llenó de una sensación extraña, como si algo más grande estuviera por revelarse. La primera canción que sonó fue *Tratar de estar mejor*, de Diego Torres, y supe que no era una coincidencia. Sentí que el universo me decía que todo estaría bien.

La melodía resonó dentro de mí como si fuera una

continuación de las palabras que mi guía me había dicho en el otro lado: «Todo estará bien». No era solo una canción, era una señal. Una reafirmación de que el camino que recorría, aunque incierto, era el correcto. Mientras las notas seguían envolviéndome, sentí una paz profunda. El universo me hablaba de nuevo, recordándome que, aunque no comprendiera todo, estaba exactamente donde debía estar.

Al llegar a casa, acompañada solo por mis hijas, sentí que comenzaba a despertar algo que estaba profundamente dormido en mi interior. Era una sensación desconocida, una alegría que no experimentaba desde hacía años, tal vez décadas: una dicha genuina, inesperada, que brotaba con la fuerza de un torrente liberado. Me llevó a la mente aquellos días lejanos de mi infancia en que todo parecía posible, la vida era un lienzo en blanco y cada paso una promesa de aventura. Era como si un destello de inocencia y esperanza, que creía haber perdido para siempre, hubiera encontrado el camino de vuelta a mí, iluminando cada rincón de mi ser, rescatándome de una sombra que no había notado hasta ese momento.

Recordaba con nitidez el entusiasmo de las excursiones escolares, esos días mágicos en los que la emoción lo impregnaba todo. Sabíamos hacia dónde nos dirigíamos, pero los detalles del viaje nos eran ajenos, irrelevantes. Lo desconocido no nos inquietaba; al contrario, nos emocionaba. Lo importante no era el destino, sino saber que el día estaría lleno de risas, sorpresas y diversión. No había espacio para el temor o la incertidumbre en esos corazones infantiles.

En nuestra infancia, sin ser del todo conscientes, éramos poseedores de una sabiduría profunda que solo los niños tienen: la capacidad de confiar plenamente en que todo iría bien simplemente porque lo creíamos. No necesitábamos pruebas, no teníamos dudas, porque la fe en el presente nos bastaba. Vivíamos con la seguridad de que el mundo nos pertenecía y de que la vida, en toda su inmensidad, nos acogería con los brazos abiertos.

Con el paso de los años, esa confianza en la vida va desapareciendo. Nos volvemos adultos y empezamos a poner límites a nuestra imaginación y a nuestras posibilidades. Poco a poco la vida se va transformando en una serie de expectativas y responsabilidades que sentimos ajenas a nuestro control. Nos convencemos de que las cosas son como son, de que estamos destinados a seguir un curso fijo y, así, comenzamos a caminar por la vida como meros espectadores, resignados a lo que nos toque. Dejamos de ser los genios que creíamos ser en nuestra infancia, los arquitectos de nuestras propias historias, y nos convertimos en prisioneros de la rutina, atrapados en la eterna espera: esperando el fin de semana, el amor ideal, las vacaciones soñadas, el ascenso en el trabajo... Y, mientras esperamos, la vida se nos escurre entre los dedos como arena, sin que lo notemos, hasta que, para muchos, es casi demasiado tarde.

Tras experimentar la muerte, me envolvía una sensación indescriptible; se había rasgado el velo entre este mundo y lo que había más allá, permitiéndome vislumbrar una verdad al fondo de todo lo conocido. No era solo mi cuerpo el que había regresado, no era solo mi aliento el que volvía a llenar mis pulmones; era mi ser entero el que había renacido. Sentía, en cada fibra de mi existencia, que me había tocado algo más profundo que la vida misma, algo que no se podía poner en palabras. Y, sin embargo, lo sentía tan real como el suelo bajo mis pies.

Me embargaba una alegría que no había sentido desde hacía mucho mucho tiempo, una dicha pura, inocente, sin la sombra de la duda o el temor. Era la misma sensación que tenía de pequeña, cuando el mundo me parecía un lugar inmenso, lleno de misterios por descubrir, pero sin el peso de la incertidumbre o el miedo. No había espacio para el temor entonces, ni ahora. Porque, después de la muerte, había encontrado algo que no sabía que había perdido: la certeza absoluta de que la vida es hermosa y profunda más allá de todo lo que imaginamos.

Al cruzar el umbral entre la vida y la muerte, se

rompieron todas las cadenas invisibles que me habían atado durante tanto tiempo. Había una claridad inusitada en mi mente, una comprensión que no necesitaba palabras: la muerte, tal como la había conocido, no existía. Era un espejismo, una ilusión que habíamos creado por miedo a lo desconocido. Pero ahora, habiendo estado en sus orillas, podía ver más allá de esa ilusión. La muerte no era un fin, sino un tránsito, una transformación y, en ese tránsito, había redescubierto el poder y la belleza de estar viva.

Quería gritarle al mundo entero, quería que todos supieran lo que yo ahora sabía. Deseaba que dejaran de temer a la muerte, que entendieran que no es el final, que no nos arrebata nada, sino que, en su misterio, nos revela la verdad más pura: que la vida es un milagro constante, que cada respiración es un regalo y que nuestro ser no está limitado a este cuerpo ni a este tiempo.

Sentía una fuerza indescriptible resonar en lo más profundo de mi alma, mi ser entero al borde de unirse a un flujo eterno, una melodía ancestral que conectaba todo lo existente. El universo me llamaba no con palabras, sino con un eco silencioso que me invitaba a formar parte de algo inmenso, sin principio ni fin. Era un misterio que aún no comprendía, pero que ya comenzaba a despertar en mi interior.

Había renacido no solo física, sino espiritualmente. Y esa nueva vida llevaba aparejado un deseo incontenible de compartir esta verdad con todos, de decirles que la vida no era algo de lo que huir, que la muerte no era algo que temer.

Quería que el mundo entendiera que no hay nada más precioso que la vida, y que la muerte, lejos de ser su opuesto, es simplemente una puerta, un susurro de eternidad que nos invita a vivir sin miedo, con los brazos abiertos al misterio.

Allí estaba yo, frente a la puerta de mi casa, albergando una mezcla de emociones de semejante intensidad. Una parte de mí experimentaba una alegría íntima, una chispa de felicidad pura; sin embargo, al mismo tiempo, sentía una fragilidad profunda. Me balanceaba entre dos fuerzas opuestas: la vulnerabilidad de quien acaba de salir del infierno y la fortaleza de quien ha regresado de él. Ambas coexistían en mí, en un equilibrio misterioso y, de alguna manera, perfecto.

Exhalando un hondo suspiro, eché un vistazo rápido al interior de la casa desde el umbral. Nada parecía haber cambiado: los muebles seguían en el mismo lugar, los objetos cotidianos esperaban a ser usados como si el tiempo se hubiera detenido. Y, sin embargo, todo era diferente. Pero no era la casa la que había cambiado, sino yo. La mujer que había salido de allí hacía unos días pensando que su vida se apagaba, ya no existía. En su lugar, había nacido una nueva versión de ella.

Mi hija menor, con los ojos llenos de asombro, rompió el silencio: «¡Te envuelve una luz blanca, mamá!», exclamó emocionada. Su hermana asintió perpleja. Yo no podía verlo, pero lo sentía. Me rodeaba una calidez indescriptible, una presencia amorosa y protectora que me abrazaba desde lo invisible. En ese preciso instante, lo comprendí con total claridad: nunca había estado sola. Ni en los momentos más oscuros, ni cuando creí que todo había acabado. Esa luz, esa fuerza, siempre había estado conmigo, y lo estaría el resto de mis días.

A pesar de que mi cuerpo seguía débil, cada fibra de mi ser estaba llena de una energía renovada, una fuerza poderosa que fluía desde lo más profundo de mí. Era una sensación similar a la de enamorarse por primera vez, esa seguridad de que el amor es capaz de cualquier cosa, de mover montañas o cambiar el curso de las estrellas.

Mi visión del mundo había cambiado radicalmente y, con ella, todo lo que me rodeaba parecía transformado. Sabía, sin lugar a dudas, que la versión de mí que había renacido sería infinitamente mejor que la que había existido antes de morir. Porque había aprendido algo crucial: cuando cambiamos la manera en que miramos la vida, la vida misma cambia ante nuestros ojos. Cada día que amaneciera para mí ya no sería solo un día más. Sería una nueva aventura, una oportunidad para sanar, crecer y evolucionar. *Tratar de revivir. Tratar de estar mejor.*

Aún ignoraba que sobreviviría a mi enfermedad mortal. Lo que estaba por venir desafiaría todo lo que creía saber sobre la muerte... y la vida.

SEGUNDA PARTE

Aquellos que no aprenden nada de los hechos desagradables de sus vidas fuerzan a la conciencia cósmica a que los reproduzca tantas veces como sea necesario para aprender lo que enseña el drama de lo sucedido. Lo que niegas te somete. Lo que aceptas te transforma.

CARL GUSTAV JUNG

8

Un cielo lleno de estrellas

La soledad no es estar solo, es estar vacío.

SÉNECA

Había perdido por completo el contacto con mi cuerpo físico. Lo que antes era palpable, sólido, se había desvanecido, dejando tras de sí un vacío que no me inquietaba. Me había despojado de la carne y los huesos, pero al mismo tiempo sentía que poseía otra forma. No era como el cuerpo de un ser humano, no tenía peso ni límite, pero estaba ahí, presente. No era visible ni tangible, pero contenía pensamientos, los mismos que alguna vez acompañaron mi forma física. Sin embargo, no había ninguna sensación corporal que los sustentara, ningún dolor, ningún frío ni calor. Solo un profundo silencio, a través del cual captaba todo, pero no con los sentidos comunes, sino con la conciencia, una conciencia sin ataduras que lo percibía todo, aunque no supiera cuánto tiempo había transcurrido, o si el tiempo mismo aún existía.

Aquellos seres, compañeros en ese misterioso viaje, estaban allí, frente a mí, silenciosos, pero con una presencia profunda, como si sus formas mismas contuvieran secretos de siglos. Aunque no hablaban, sus pensamientos e intenciones me eran claros. No hacían falta palabras. Me condujeron de nuevo hacia el ascensor. Mi guía me hizo entrar con suavidad. Él y los demás se quedaron fuera una vez más. Las puertas se cerraron con un sonido casi imperceptible.

Entonces el ascensor comenzó a moverse. En cuanto empezó a ascender, lo hizo con una velocidad vertiginosa, incomparable a cualquier experiencia en la Tierra. Me sentí como lanzada hacia el cosmos, atravesando dimensiones, pero sin vértigo. La aceleración no correspondía a ninguna ley física que conociera; me parecía estar viajando más allá del tiempo, más allá de las estrellas.

Y, de repente, el ascensor desapareció. Ya no había paredes ni techo, solo un enorme tubo luminoso, un conducto etéreo que me envolvía y me guiaba. Dentro de él, sentía que cruzaba el firmamento, que me desplazaba a través de la eternidad misma. Estrellas y luces intermitentes se desplegaban a mi alrededor.

Ascendí hasta que, de manera repentina, la luz dio paso a la oscuridad más absoluta.

Por un instante todo fue negro. Sin embargo, no era un vacío aterrador, sino el tipo de oscuridad que precede a la creación. Era como estar en la matriz del cosmos, contenedora de todo lo que es y será. Y, en esa oscuridad profunda, sentí cada latido del universo, cada pulso de vida que vibraba a lo largo de la inmensidad. No había miedo, solo una profunda calma que parecía resonar en el tejido mismo de la existencia.

Sin previo aviso, el ascensor volvió a tomar forma. Mi entorno se estabilizó, y la velocidad comenzó a disminuir suavemente. Cuando por fin se detuvo, supe que había llegado a algún lugar, aunque no sabía dónde. Las puertas se abrieron y allí estaban ellos, esperándome.

Había llegado a un nuevo umbral, un lugar donde la realidad y el misterio se entrelazaban, donde el viaje no era solo un tránsito físico, sino algo más profundo, algo que había cambiado mi ser para siempre. Me di cuenta entonces de que no estaba regresando a la misma realidad que había dejado atrás. Había cruzado a otro estado, donde el tiempo y el espacio eran maleables.

Estaba en algún lugar más allá del entendimiento. Y, sin embargo, sentía que estaba en casa.

—¿Damos un paseo? —preguntó mi guía. Sus ojos verdes relucían con un brillo que parecía contener siglos de secretos y me invitaban a adentrarme en un misterio más profundo—. Hay algo importante que debes ver.

El paisaje que se extendía ante nosotros no tenía colores como los que yo conocía. Era un lugar donde la paleta de la naturaleza parecía haberse reducido a una escala infinita de blancos, negros y grises. Cada forma, cada contorno estaba hecho de diminutos puntos que vibraban con una energía casi imperceptible, como si el lugar respirara suavemente bajo una capa de sombras. No obstante, lo que podía haber parecido sombrío a primera vista, en realidad era de una belleza desbordante e indescriptible, más profunda y compleja que cualquier rincón de la Tierra que hubiera conocido.

Sabía que estábamos en algún lugar de nuestro propio planeta. Aunque no reconocía el terreno, mi alma parecía recordarlo de una manera que iba más allá de lo físico. Ante nosotros se alzaban montañas imponentes. A nuestro alrededor el bosque respiraba en silencio. Y aunque no podía ver a los animales entre los árboles, sentía su presencia tan clara como si caminasen junto a mí.

En aquella penumbra vibrante podía percibir a las ardillas deslizándose por las ramas altas con movimientos ágiles y casi invisibles. Más allá, en las sombras más profundas del bosque acechaban los zorros; sus cuerpos fluían como el viento entre los árboles y, aun así, sus almas latían con una vida que parecía palpitar al mismo ritmo que el paisaje. En lo alto, las aves cruzaban el cielo: halcones, búhos y golondrinas que flotaban en silencio como si su vuelo no dependiera del batir de alas, sino de alguna fuerza etérea que las mantenía suspendidas en el aire.

De alguna manera, podía sentir la vida de cada animal en aquel lugar. Los ciervos bebían en los arroyos, y su paz llenaba el aire con una calma contagiosa. En algún lugar había lobos que se movían con pasos seguros; eran presencias llenas de una sabiduría profunda. No los veía, pero los reconocía; sentía sus corazones conectados al mismo latido del universo que resonaba dentro de mí. Incluso los insectos, pequeñas criaturas que normalmente pasan desapercibidas, formaban parte de aquel inmenso entramado de vida, vibrando en perfecta armonía con todo lo que nos rodeaba.

—En la Tierra no existen las fronteras que conoces. Todo está conectado —dijo mi guía sonriendo con dulzura.

En ese lugar, la vida no se limitaba a lo que los ojos podían ver. Cada árbol, cada montaña, cada ser vivo, desde el más grande hasta el más pequeño, estaba interconectado por hilos invisibles. Me resulta imposible describirlo con palabras.

—Todo lo que ves y lo que sientes es la vida fluyendo. Y tú eres parte de ello —continuó mi guía.

Sentía cómo se expandía mi ser no solo dentro de aquel lugar, sino también dentro de mí misma. La vida en su forma más pura me rodeaba y me atravesaba. Todo estaba vivo y formaba parte de un único latido cósmico, una energía que era la vida misma en su estado más sublime.

En ese momento comprendí. Allí, en medio de aquel paisaje, sentí que había descubierto una verdad más allá de toda comprensión humana. La vida no era solo algo que experimentamos con nuestros cuerpos; era una fuerza eterna que nos conecta a todos, a todo, a cada ser vivo, a cada rincón del universo. Sentí una paz inmensa, la certeza de que todo lo que me rodeaba estaba lleno de una vida eterna, infinita, y que yo también formaba parte de ese misterio insondable.

Sobrevolamos *flotando* un lago que se extendía bajo nosotros como un espejo líquido y reflejaba un cielo interminable, sin nubes ni estrellas visibles, pero lleno de una luz suave y misteriosa. El agua parecía más que un simple cuerpo líquido; era profunda, casi infinita. Sentí que en su interior se ocultaban secretos de tiempos inmemoriales. Las orillas estaban bordeadas por árboles cuyas ramas se inclinaban hacia el lago como si quisieran tocar aquella superficie serena que parecía contener el aliento del propio universo.

La paz que sentía no era solo una ausencia de ruido, sino una calma que lo envolvía todo, una quietud que le hablaba directamente a mi alma.

De repente, mi guía me señaló un punto lejano, una figura borrosa que apenas podía distinguir en aquel paisaje. Al principio no entendía lo que veía. En ese plano las formas físicas no eran como las conocemos; todo era inmaterial, un reflejo de lo que somos en el fondo, más allá de la carne. Sin embargo, de esa figura emanaba una profunda tristeza y en ese momento lo supe: se trataba de una persona. No era una visión ni un eco del pasado, sino un alma viva, afligida, desgarrada por el dolor.

Frente a ella se abría el vacío como una sombra abismal y, aunque yo no lo veía con los ojos, podía sentir su inmensidad y los susurros seductores con los que aquella oscuridad llamaba a esa persona. Sentía su mente luchando, diciéndole que se lanzara, que ese salto sería el fin de su sufrimiento, que en la muerte encontraría la paz que tanto anhelaba.

En ese momento, algo en mi interior cambió. Por primera vez desde que había comenzado mi experiencia, tuve plena conciencia de que estaba muerta. Ya no era una duda, ya no era una sospecha: yo había cruzado ese umbral. Y, sin embargo, seguía existiendo. Lo que era yo, mi esencia, mi alma, seguía siendo. Y, desde ese estado, sentía con una claridad desgarradora el dolor de aquella persona frente a mí, como si su angustia se filtrara en mis propios pensamientos.

Sentí que el tiempo se detenía, o tal vez ya no existía. En una fracción de segundo eterno, nuestras almas se tocaron. Pude sentir su desesperación, su deseo de acabar con el dolor insoportable lanzándose desde el acantilado al lago. Aquella persona gritaba por liberarse, por escapar, con la convicción de que la muerte era la única salida, la única forma de acallar la agonía que la consumía.

Mis compañeros de viaje me indicaron que me acercara. Sentía en ellos una calma inmensa, una comprensión infinita de lo que sucedía. Entonces, sin esfuerzo, sin siquiera pensar, me impulsé hacia esa persona que sufría. Me aproximé *volando*, aunque en realidad no había movimiento: el espacio entre nosotros simplemente dejó de existir. Y cuando estuve lo suficientemente cerca, abracé su espíritu suavemente por detrás. No era un abrazo físico, sino algo mucho más profundo. Nuestros espíritus se fundieron en un solo ser: un abrazo hecho de pura energía, de comprensión y de amor. Fue entonces cuando una luz poderosa, la luz del AMOR, brotó de nuestro abrazo, iluminando el abismo oscuro que rodeaba a esa persona. Era la fuerza primordial del universo, la energía que lo crea todo y lo sostiene. Nos envolvía, nos atravesaba y, aunque no supe si esa persona sintió mi presencia, sí percibí un cambio: retrocedió con una vacilación que no había mostrado antes.

Sentí su rabia aún latente, su furia hacia la vida, hacia el dolor que la había llevado hasta el borde de ese acantilado. Había tanto rencor dentro de su alma, tanta resistencia a seguir sufriendo... Pero también sentí un leve alivio cuando retrocedió, una pausa en su tormenta interior. Fue entonces cuando supe que no todo estaba perdido.

—No es el final —me comunicó mi guía—. Ahora debe aprender a vivir y encontrar el camino de la felicidad. Tiene que sanar.

Mi guía continuó, ofreciéndome una elección:

—Puedes volver para ayudar a esa persona o quedarte si así lo deseas. Puedes elegir.

Una parte de mí se resistía a regresar. Había comenzado a acostumbrarme a ese otro estado de existencia, donde la paz y el conocimiento fluían libremente, sin las ataduras del sufrimiento físico o emocional. En esa vida inmaterial me sentía más conectada que nunca. No quería volver.

Aunque ya no podía ver a esa persona, continuaba oyendo su llanto. Yo no sabía lo que me esperaría al volver, pero sentía que debía hacerlo. Porque, aunque la muerte me había tocado, la vida aún me llamaba, y había un camino por recorrer tanto para mí como para aquella alma.

Mi guía y los seres de luz empezaron a mostrar una urgencia inusual. Me miraban con preocupación. Tenía que volver a mi cuerpo, y no había tiempo que perder. Si no regresaba enseguida, sería demasiado tarde.

El portal hacia mi cuerpo se cerraba poco a poco, y yo aún estaba allí, aferrada al mundo de la luz. El tiempo se agotaba.

Debía regresar. ¡Y debía hacerlo ya!

9

Aunque no te pueda ver

> Si yo me esforzaba como me había esforzado, tal vez consiguiese un día entender que las personas siempre llegan a la hora exacta donde se les está esperando.
>
> Paulo Coelho,
> *El peregrino de Compostela*

La conexión entre mi alma y la de esa persona por quien regresé era un vínculo fuerte y tangible, una certeza que trascendía lo físico y lo racional. Aunque yo no sabía quién era, no tenía dudas: esa persona estaba viva. Lo sentía con una intensidad que no necesitaba confirmación. Una parte de mí estaba entrelazada con su conciencia, vigilando sus pensamientos en silencio, protegiéndola desde lo invisible. No importaba si era hombre o mujer, si estaba cerca o a miles de kilómetros. Esos detalles eran irrelevantes. Lo único que tenía peso era ese lazo que nos unía a través del tiempo y el espacio. Nuestras almas habían compartido algo profundo, un momento suspendido en el universo y, más allá de las barreras físicas, esa conexión perduraba.

Cada mañana, al despertar, sentía su presencia de manera casi palpable. Le hablaba en voz alta como si pudiera escucharme. Durante las primeras semanas, percibía su resistencia, una tristeza densa que la envolvía. Desde mi cama, aún adormecida, le susurraba palabras de aliento, recordándole la decisión que había tomado: la de vivir.

Con el paso de los días empecé a notar un cambio. Era sutil pero inconfundible. Algo en su interior había comenzado a moverse. Se levantaba, aunque con dificultad, e iba a cumplir con sus obligaciones. Yo sabía que trabajaba porque a veces me llegaban destellos fugaces de su mente: imágenes borrosas de las tareas que realizaba. No podía ver los detalles con claridad, pero no importaba. Lo que realmente me preocupaba era esa tristeza profunda, ese vacío que parecía haberse instalado en su corazón, negándose a ceder.

Intentaba enviarle luz a esa persona, mi propia energía, conectando mi corazón con el suyo a través de ese hilo invisible que nos mantenía unidos. Y entonces algo cambió de manera definitiva. Un día noté que sonreía por primera vez en mucho tiempo. Mi corazón saltó de alegría, porque su sonrisa, aunque pequeña, era el primer signo de esperanza, una chispa que indicaba que, poco a poco, estaba empezando a sanar, a encontrar su propio camino en medio de la oscuridad.

Cada día que pasaba, nuestra conexión se hacía más profunda, más misteriosa. Era una relación enigmática, algo que no podía compartir con nadie. ¿Cómo explicar que nuestros espíritus caminaban juntos, unidos por algo más allá de lo visible? Sabía que nuestras almas habían estado entrelazadas mucho antes de aquel encuentro en el otro lado, mucho antes de que nuestra existencia terrenal siquiera comenzara.

Sin embargo, un día todo cambió. Había pasado un año desde que nuestras almas conectaron, pero una mañana, al despertar, algo era diferente. Su presencia, que había sido constante, había desaparecido. Al abrir los ojos, sentí como si una parte de mí se hubiese perdido en la oscuridad. El universo se apagó de repente. Aquella conexión profunda que había compartido con esa persona ya no estaba.

Nos habíamos acompañado durante tanto tiempo, minuto a minuto, en una comunión inexplicable... Y ahora, de repente, esa parte de mí que había estado tan viva junto a esa persona había desaparecido sin dejar rastro.

Esa noche, buscando una respuesta en lo inexplicable, me tumbé en una hamaca en el jardín de casa a observar el cielo. Las estrellas titilaban lejanas, indiferentes a mi dolor. Me preguntaba si esa persona alguna vez había sentido mi presencia, si sabía que había estado allí, acompañándola en cada batalla silenciosa, aunque nunca pudiera verme. ¿Habría sentido ese lazo que nos unía?

¿Qué había sucedido?

Sin embargo, sabía que, de algún modo, nuestras almas seguirían conectadas, más allá de la distancia, del tiempo y de lo desconocido.

Al abrir los ojos al despertar y ver que la primera luz del día se filtraba por las ventanas, pensé que, si esa persona había desaparecido de mi vida, debía de ser por alguna razón. Tal vez ya no me necesitaba. Yo había cuidado de su alma y la había sostenido en los momentos más oscuros, hasta que pudo volar por sí misma.

El momento había llegado. Ahora me tocaba a mí caminar sola. Estaba en el kilómetro cero de mi nueva vida y, aunque no conocía el destino que me esperaba, sabía que tenía que avanzar, dar el primer paso hacia lo desconocido.

Echaría mucho de menos a esa persona. Lo que

aún no sabía era que el destino ya había trazado el camino para un encuentro con ella, un encuentro escrito desde el principio de la eternidad.

En cuanto a mi enfermedad mortal… ¿Quieres saber qué ocurrió?

10

Bonito

> Las fuerzas naturales que se encuentran dentro de nosotros son las que verdaderamente curan nuestras enfermedades.
>
> Hipócrates

Los médicos me dijeron que, aunque no encontraban una explicación satisfactoria para mi regreso a la vida, debía estar preparada para morir. Aquellas palabras resonaron en mi mente con una serenidad inesperada.

Una vez más, me ofrecieron opciones de tratamiento paliativo. La ciencia podía prolongar mi existencia un poco más, pero ninguna de aquellas alternativas me interesaba. ¿Para qué someterme a un tratamiento que solo añadiría días a mi vida a costa de robarme la dignidad y el tiempo que me quedaba?

Si esos días no podían ser vividos plenamente, no los aceptaría. Yo quería vida, no tiempo.

Las emociones que experimenté en ese momento fueron muy diferentes de cuando me dijeron la primera vez que iba a morir. Entonces, sentí el frío de la desesperación, el vacío de lo inevitable. Ahora, todo dentro de mí estaba lleno de colores, como si la vida hubiese estallado en un caleidoscopio de sensaciones y posibilidades. Había resucitado no solo en cuerpo, sino en espíritu. Cada fracción de segundo era un tesoro por descubrir y, en cada pequeño detalle, encontraba una razón para vivir y agradecer. Ya no se trataba de cuánto tiempo me quedaba, sino de cómo decidiría llenar esos momentos de sentido.

La vida me había dado una segunda oportunidad. Pero ya no se trataba de escapar de la muerte, sino de hacer las paces con ella. La afrontaría cara a cara. La vería acercarse lentamente y, cuando nuestros ojos se encontraran, no habría resistencia. Me entregaría a ella con serenidad porque ya no la veía como un enemigo, sino como una vieja amiga que vendría a recogerme cuando fuese mi momento. Me sentía en paz porque la muerte ya no me intimidaba ni me arrebataba el sueño con su sombra. Había llegado a entender que la muerte es solo un cambio de estado, no un final definitivo.

Sin embargo, me encontré de nuevo ante el dilema

de compartir o no la noticia con mis seres queridos. ¿Debía contarles que la muerte estaba a las puertas? Algo dentro de mí me llevó a guardar silencio. Quería disfrutar del tiempo que me quedaba en paz, sin el peso de la tristeza anticipada de quienes me amaban. Sabía que mi muerte sería dolorosa para ellos, pero ¿acaso advertirles de antemano los prepararía mejor para afrontarla? Si alguna vez has perdido a alguien que amabas, ¿realmente saberlo con antelación te hizo más fácil la despedida?

Una vez más, no dije nada a nadie. Con el tiempo comprendí que era una decisión tomada desde el ego, desde el miedo profundo a reconocer mi vulnerabilidad.

Antes de mi ECM, el ego, ese enemigo silencioso, había sido mi constante compañero. La lástima por mí misma, el miedo, el orgullo... todo giraba en torno a mi sufrimiento, a lo que yo estaba perdiendo. El ego nos engaña, nos hace creer que somos autosuficientes, que no necesitamos a nadie, que el sufrimiento es una carga que debemos llevar en silencio. Pero el ego es un maestro cruel. Hoy sé que pedir ayuda no es signo de debilidad, sino de humildad. No somos islas. Necesitamos a los demás, y aceptar nuestra fragilidad nos libera.

Los días pasaban, pero, lejos de ser grises, estaban llenos de luz. Cada momento con mis hijas era una bendición. No sabían qué me ocurría, pero notaban que algo en mí había cambiado. Reía, y ellas reían conmigo. Todo me parecía hermoso. Estaba feliz, profundamente feliz porque podía despedirme de la vida en paz, sin miedo. Observaba el mundo con la mirada curiosa de cuando era niña, ansiosa por descubrirlo todo. Quería comprender el porqué y el para qué de cada cosa, con una sed de conocimiento que parecía no tener fin.

Algo inexplicable sucedió poco después de mi regreso de la muerte. Los síntomas de mi enfermedad comenzaron a remitir. Cada mañana me despertaba sintiéndome más fuerte, con una energía que crecía. Recordé haber leído sobre personas que poco antes de morir experimentan una mejoría repentina. Pensé que tal vez me encontraba en esa fase. Me preparé con la calma de quien sabe que la muerte no existe.

Llegó el día de mis primeros resultados médicos después de haber regresado a la vida. Mientras conducía hacia la consulta no sentía miedo. Estaba en paz. Iba abriendo los ojos a un día nuevo: los colores del otoño, los niños corriendo al colegio, las hojas caídas. Sabía que tal vez no estaría allí para recibir el invierno, pero no me entristecía. El otoño me parecía perfecto, con su melancolía y su belleza decadente. Nunca había disfrutado tanto de esa estación.

No había rastro de la enfermedad. Había desaparecido por completo, como si nunca hubiera existido. Los médicos estaban desconcertados; todos los exámenes que antes confirmaban la gravedad del diagnóstico ahora solo reflejaban un cuerpo sano, sin signos de daño o deterioro. Era como si mi organismo hubiera borrado toda huella de aquello que antes lo consumía. No hubo explicación médica, no hubo tratamiento milagroso. Simplemente, la enfermedad se había esfumado.

Salí de la consulta y el mundo parecía haberse transformado a mi alrededor. Era como si el sol, más radiante que nunca, brillase solo para mí, envolviéndome en un resplandor casi sobrenatural. El universo despertaba a mi lado, invitándome a descubrir todos los secretos que aún guardaba para mí.

El futuro, que antes imaginaba como una pesada puerta cerrada, ahora se abría de par en par. Qué bello era estar viva, sentir el pulso de la tierra bajo mis pies, formar parte de ese milagro constante. El destino me había devuelto algo más que mi vida: me había regalado un nuevo comienzo.

Bonita la paz, bonita la vida. Bonito volver a nacer cada día. Bonito, todo me parecía bonito.

11

Kilómetro cero

> Del sufrimiento emergieron las almas más fuertes; los caracteres sólidos tienen cicatrices.
>
> Khalil Gibran

A veces el universo conecta nuestras vidas de formas misteriosas, haciendo que las personas correctas aparezcan en el momento justo, cuando más las necesitamos. ¿Has sentido alguna vez que alguien llega a tu vida en el instante preciso, como si todo estuviera meticulosamente planeado por una fuerza que va más allá de tu comprensión? En esos momentos todo parece cobrar sentido, tenemos la sensación de que el destino ha estado esperando pacientemente el momento perfecto para revelar su propósito.

No creo en las casualidades. He vivido lo suficiente como para saber que nadie se cruza en nuestro camino por accidente. Cada persona que llega a nuestra vida tiene un propósito, una misión que quizá no comprendamos de inmediato, pero que con el tiempo se revela con una claridad asombrosa. Algunos llegan para quedarse. Otros, en cambio, se marchan cuando han cumplido su cometido. Pero todos, sin excepción, nos enseñan algo.

Cada encuentro, cada cruce de caminos, está impregnado de un misterio que solo desentraña el tiempo. Tal vez nunca sepamos con exactitud por qué ciertas personas entran en nuestra vida en momentos específicos, pero si aprendemos a escuchar y a observar, comprenderemos que hay en juego un plan más grande que nos va guiando, paso a paso, hacia quienes estamos destinados a ser. ¿Es posible que el universo tenga un plan perfecto, orquestado desde tiempos inmemoriales, que nos empuja hacia aquellos que nos ayudarán a descubrir nuestra verdadera esencia?

En los momentos de mayor confusión y oscuridad, cuando todo parece perdido, son estas personas las que restauran nuestra fe. Nos recuerdan que no estamos solos, que incluso cuando la vida nos pone a prueba, siempre habrá alguien, en el momento justo, que nos ofrecerá una mano amiga o una palabra de ánimo. Estas personas, estos maestros ocultos, nos enseñan a ver más allá de nuestras heridas, a creer de nuevo, a encontrar sentido en lo que parecía no tenerlo. Y es entonces cuando comprendemos que todo, absolutamente todo, estaba destinado a ser como es.

Cada uno de ellos es como una pieza de un rompecabezas más grande, que solo al final de nuestra vida veremos completo. Ellos son los guías silenciosos que el universo ha puesto en nuestro camino para ayudarnos a recordar quiénes somos realmente y hacia dónde debemos ir.

Una de esas personas que llegaron a mi vida en el momento exacto, cambiándola para siempre, es mi amiga Laura. Hablar de ella es hablar de magia, alquimia y sincronicidad. No fue simplemente una amiga; fue la chispa que encendió una transformación en mí, un proceso que había comenzado tiempo atrás, tras mi experiencia cercana a la muerte, pero que aún no había culminado.

Ella me enseñó algo que la sociedad nunca me había mostrado: ser sensible no es un defecto, sino una fortaleza. El mundo me había hecho creer que para sobrevivir debía ser inquebrantable, dura como un roble. Pero, como ella me explicó un día, «solo cuando eres extremadamente flexible y suave, puedes ser extremadamente duro y fuerte». En ese momento, no lo comprendí del todo. Para mí, ser fuerte siempre había significado resistir, soportar sin doblarse. Pero Laura me mostró la verdad que yo no había querido ver: como el roble, me partí cuando la tormenta de la enfermedad irrumpió en mi vida. La rigidez que me había protegido durante tanto tiempo también me rompió.

Laura me enseñó que el verdadero poder está en la suavidad, en la capacidad de adaptarse, de fluir como el agua ante los obstáculos. Me enseñó que no debía resistirme al curso de la vida, sino dejarme llevar, encontrar la fuerza en la flexibilidad. Era una lección de vida tan simple como profunda, y cambió por completo la forma en que me veía a mí misma.

Aprendí, por primera vez en mi vida, a ser mi mejor amiga. Entendí que sin amarse a uno mismo no es posible amar verdaderamente a los demás. «No puedes dar lo que no tienes», solía decirme Laura. Y, en cada conversación, me iba devolviendo algo que había perdido: la capacidad de amarme, de darme valor y creer en mí misma. Aquella fue su primera gran lección y, de todas las que me dio, quizá la más importante. Partiendo de ese amor propio, pude comenzar a abrirme a los demás, a ofrecer un amor sincero, libre de miedos y de carencias.

Cuando conocí a Laura, habían pasado varios meses desde mi regreso del otro lado. Físicamente estaba sana; la enfermedad que casi acabó con mi vida había desaparecido por completo. Mi cuerpo estaba renovado, pero mi alma se encontraba todavía atrapada en el kilómetro cero de mi nueva vida. Todo ante mí era un camino desconocido, un terreno inexplorado cubierto por una espesa niebla de incertidumbre. Había renacido, sí, pero no sabía hacia dónde dirigir mis pasos ni cómo dar el primero.

Sentía un miedo profundo, un miedo paralizante que no me permitía moverme. Estaba aterrada ante la idea de vivir. Porque en el otro lado, todo había sido fácil. Allí no había dolor, no había temor. La paz era absoluta, un bálsamo para el alma. Pero aquí, en la Tierra, la realidad era otra; todo resultaba más complicado.

Tras mi regreso a la vida, me dediqué a fortalecer mi espíritu, mi mente y mi cuerpo. Sabía que había llegado el momento de mi renacimiento, de salir de la burbuja protectora en la que me había refugiado y atreverme a vivir nuevamente. Pero no sabía cómo hacerlo.

Fue entonces, en ese momento exacto, ni un segundo antes ni después, cuando el universo, en su infinita sabiduría, dispuso que Laura apareciera en mi vida. Ahora, al mirar atrás, comprendo que no fue una casualidad. El universo no deja nada al azar. Lo veo con claridad. En ese preciso instante, como si el tiempo y el destino hubieran conspirado juntos, conocí a Laura. Su llegada no fue fortuita, sino parte de un plan más grande, un plan que había sido trazado mucho antes de que yo naciera, mucho antes de que mi alma llegara a este mundo.

La presencia de Laura no era simplemente reconfortante; irradiaba una paz profunda, una calidez que trascendía lo terrenal, como si ella misma fuese una emisaria de algo mucho más grande, más misterioso. No se trataba solo de sus palabras, sino de una energía envolvente, algo que no se encuentra fácilmente en este mundo.

Ella me enseñó que el miedo no debía paralizarme, que incluso los pasos más pequeños, los más inciertos, formaban parte de mi renacimiento. Cada tropiezo, cada duda era una oportunidad para reconstruirme desde las cenizas de mi pasado. Y aunque el miedo seguía presente, ella me mostró que no era el enemigo; el miedo era el umbral que debía cruzar para encontrar el valor en mi interior, para descubrir mi auténtica fuerza. Gracias a sus palabras suaves pero firmes, comprendí que el miedo no era el final del camino, sino el comienzo de la verdadera valentía.

Laura fue y sigue siendo mucho más que una amiga. En su presencia encontré una puerta que me llevó a descubrir una versión más profunda y elevada de mí misma, una faceta de mi ser que no sabía que existía. Su amistad no solo me acompañó, sino que me guio hacia una transformación interior, revelándome que cada conexión significativa tiene el poder de cambiar nuestra vida para siempre. Laura fue la chispa que encendió en mí una nueva manera de ver el mundo, llena de comprensión y crecimiento. Gracias a ella, aprendí a explorar mi propia esencia con más claridad y profundidad, y esa revelación sigue resonando en cada paso que doy.

Ella me ayudó a entender que las señales que tanto buscaba se revelarían cuando estuviera lista para verlas, y solo cuando fuese el momento adecuado. Y así, paso a paso, guiada por la luz de su sabiduría, comencé a comprender el misterio más profundo de todos: que el verdadero viaje no es hacia fuera, sino hacia dentro.

Yo sentía un hambre insaciable por la vida. Quería abarcarlo todo, como si el tiempo se me escapara entre las manos. Deseaba poseer toda la sabiduría del mundo y darle forma a mi propósito de vida. Era una necesidad urgente, un impulso casi desesperado por descubrir el sentido profundo de mi existencia. Pero, en medio de esa ansiosa búsqueda, Laura me ofreció el regalo más valioso que podría haber recibido: la lección de la paciencia.

«El aprendizaje no es lineal ni inmediato», solía decir. Me enseñó que solo existe una forma auténtica de aprender a caminar en la vida: despacio, sintiendo cada paso, aceptando cada caída. La prisa era una trampa que solo me llevaría a tropezar con mis propias expectativas. Me decía que debía permitir que la vida fluyera a su propio ritmo, que no podía forzar las puertas que aún no estaban listas para abrirse. Entonces, poco a poco, comencé a comprender que yo solo tenía que caminar despacio. Cada caída, cada tropiezo, se convertiría en una nueva lección, una oportunidad para reinventarme, para renacer una y otra vez.

Empecé a sentir algo que nunca había experimentado: lo que realmente significa ser humano. Hasta entonces, había asociado la vulnerabilidad con la debilidad, creyendo que ser fuerte significaba no quebrarse, no mostrar dolor. Pero Laura me enseñó lo contrario. «Ser sensible no es sinónimo de fragilidad», me dijo un día mientras me miraba con esa ternura que parecía abarcarlo todo. Aprendí de ella que abrazar nuestras emociones, aceptarlas y amarlas, es lo que nos hace verdaderamente fuertes. No podemos ser invulnerables, pero sí podemos ser auténticos.

Entendí al fin que no necesitaba ser perfecta para merecer amor, que no tenía que ocultar mis cicatrices ni mis miedos. Podía ser humana, con toda la complejidad que eso implica, y eso era suficiente.

Gracias a su infinita paciencia y amor incondicional, volví a creer, no solo en la vida, sino en mí misma. Me enseñó a confiar, a ver el mundo con nuevos ojos y a reconciliarme con lo que significa ser humano. Laura no solo fue una amiga; fue una maestra que me devolvió la fe en los demás, en el misterio de la vida, pero, sobre todo, en mi propia capacidad para reconstruirme.

Por eso, querida Laura, mi amiga, mi maestra, siempre te estaré agradecida. Porque gracias a ti, volví a encontrarme. Me ayudaste a renacer, a aceptar la vida en todas sus facetas, con sus desafíos y sus bendiciones. Volví a ser yo, y eso es algo por lo que siempre te llevaré en el corazón.

12

Las costuras del alma

La fe es el pájaro que canta cuando el amanecer todavía es oscuro.

RABINDRANATH TAGORE

He aprendido, tanto por mi experiencia cercana a la muerte como por los años que he pasado acompañando a enfermos terminales, que el ser humano es mucho más que la simple suma de sus partes físicas. Somos una unidad indivisible: cuerpo, mente, espíritu y alma. No somos solo materia, sino también una conciencia que trasciende lo tangible. Esa conciencia nos conecta con algo mayor, con una fuente universal de vida que nos sostiene más allá del tiempo y del espacio. En ella reside nuestra esencia más pura, aquella que nos guía incluso en los momentos más oscuros, y que nos recuerda que la vida es un viaje que va más allá de lo que podemos ver o tocar.

Si estás leyendo este libro, es posible que en algún momento hayas sentido la cercanía de la muerte. Quizá hayas visto cómo se llevaba a alguien querido, o tal vez ha sido una presencia constante en tu vida, o una amenaza silenciosa que ha surgido junto con una enfermedad o en esos momentos de soledad donde te preguntas sobre el final. Y, si no es así, tal vez solo te atraiga el misterio más grande de todos, el que ha cautivado a la humanidad desde siempre: la muerte.

La muerte, ese umbral que todos cruzaremos tarde o temprano, es el espejo en el que reflejamos nuestras mayores dudas, miedos y preguntas. ¿Qué hay más allá? Desde el instante en que nacemos, la muerte comienza su paciente espera. Es la compañera silenciosa que camina a nuestro lado, invisible pero siempre presente. La vida y la muerte son inseparables, como una danza que no puede existir sin su contraparte. Pero la muerte no es algo a temer, sino a comprender.

Si lo piensas bien, probablemente el instante más traumático que todos hayamos vivido sea el nacimiento, en el que se nos arranca de la comodidad del útero, un universo seguro y cálido que conocemos como el TODO, para ser arrojados a este mundo de golpe. Al nacer, no comprendemos lo que nos rodea, pero, aun así, nos esforzamos por sobrevivir.

Si el nacimiento fue esa transición tan brutal y a la vez tan llena de vida, ¿por qué no pensar que la muerte es solo otra puerta que se abre, llevándonos a algo igualmente desconocido, pero no menos lleno de posibilidades? Hemos cruzado umbrales antes, y lo haremos de nuevo.

La muerte no es más que un cambio de estado, un paso de una forma de existencia a otra. Igual que cuando salimos del vientre materno para abrazar la vida, confía en que, al cruzar esa última frontera, algo nuevo nos espera. El miedo a lo que no comprendemos es humano, pero dentro de ese miedo está la oportunidad de abrirnos a lo eterno, a lo que trasciende.

Estamos viviendo un momento fascinante en la historia de la humanidad, una era en la que asistimos al despertar de la conciencia humana. Cada vez más personas comienzan a cuestionarse las viejas creencias, a buscar respuestas más allá de lo material, a reconectar con esa verdad profunda que siempre ha estado ahí: que somos mucho más que nuestro cuerpo y nuestra mente. En esta nueva era, nos estamos dando cuenta de que dentro de cada uno reside un poder inmenso, un poder que hemos ignorado durante demasiado tiempo, pero que ahora nos llama con fuerza.

Este poder, que algunos llaman dios, universo, o fuerza superior, no tiene nada que ver con las creencias religiosas tradicionales. Es algo mucho más amplio y profundo. Es esa energía creadora que nos rodea, que nos sostiene y que vive dentro de nosotros. Es la chispa divina que nos conecta con todo lo que existe, la conciencia universal de la que todos formamos parte. No importa el nombre que le des; lo importante es reconocer que está ahí, latiendo dentro de ti, esperando a que la descubras.

Este es el despertar de nuestra verdadera naturaleza, la comprensión de que no estamos separados de esa fuerza divina, sino que formamos parte de ella. Tú eres un creador. Tienes el poder de moldear tu vida, de crear tu realidad. Nada es imposible si logras conectarte con esa fuerza interior, con esa esencia sagrada que siempre ha estado contigo, esperando a que la reconozcas.

En esta era del despertar es fundamental recordar que no estamos solos. Ese poder que reside en el universo también habita en ti, en mí, y en todos los seres humanos. Somos una extensión de algo mucho más grande, y ese entendimiento puede liberarnos de las cadenas que nos hemos impuesto. Vivir sin miedo no es solo un ideal, es una posibilidad real cuando entendemos que lo divino no está fuera, en algún lugar lejano e inaccesible, sino dentro de nosotros. Formamos parte de esa fuerza creadora, de ese amor infinito que nos impulsa a ser lo que realmente somos: seres de luz.

Te invito a que abraces esta era de transformación. Este despertar de la conciencia humana es una oportunidad única para reconectar con lo que realmente importa. Deja que esa energía divina te guíe, confía en que todo está sucediendo como debe ser. Y, sobre todo, recuerda que el mayor poder que puedes descubrir es el que ya vive en ti.

TERCERA PARTE

Fui a los bosques porque quería vivir deliberadamente; afrontar solo los hechos esenciales de la vida y ver si podía aprender lo que ella tenía que enseñar. Quise vivir profundamente y desechar todo aquello que no fuera vida… para no darme cuenta, en el momento de morir, de que no había vivido.

Henry David Thoreau,
La vida en los bosques

13

Volverte a ver

La ciencia no puede resolver el último misterio de la naturaleza. Y eso se debe a que, en última instancia, nosotros mismos somos una parte del misterio que estamos tratando de resolver.

Max Planck

Días después de mi experiencia cercana a la muerte sentí la necesidad de saber más sobre la mujer que me había ayudado aquel día, guiándome hasta el pequeño centro médico. Decidí preguntar en la clínica y allí me dijeron algo que me heló la sangre: según ellos, yo había llegado sola. No tenían ninguna constancia de aquella mujer ni de los niños. Mis hijas, que yo recordaba jugando con los de ella en esa escena tan nítida, estuvieron, según el personal de la clínica, jugando solas, conversando con amigos imaginarios.

A pesar de haber vivido algo tan extraordinario como es una experiencia cercana a la muerte, mi reacción fue de escepticismo. Me preguntaba si todo aquello había sido simplemente un producto de mi mente. Quizá mi cerebro, al estar tan cerca de colapsar, fabricó aquella visión. Era una explicación lógica, casi tranquilizadora, pero algo dentro de mí se resistía a aceptarla. ¿Cómo podía una creación mental ser tan vívida?

Yo trataba de encajar las piezas de un rompecabezas que parecía no tener solución. ¿Realmente había creado mi mente algo tan real? ¿Cómo de fina es la línea entre la realidad y lo imaginario cuando la muerte está tan cerca?

Lo recuerdo todo con una claridad que aún hoy me estremece; cada detalle de aquel día está impreso en mi mente como si hubiera sucedido ayer. Además del dolor, sentía un pánico como nunca había tenido en mi vida. Intentaba pensar con claridad, pero mi mente estaba nublada por la desesperación. Lo único que deseaba en ese momento era que mis hijas no tuvieran que presenciar mi muerte. No podía soportar la idea de que ellas fueran testigos de algo tan horrible.

De repente el sufrimiento se volvió insoportable.

Me doblé sobre mí misma. Apenas podía respirar; el dolor físico era espantoso. Pero lo que vino después fue aún peor: una angustia más profunda, más aterradora, como si todo mi ser, por dentro y por fuera, se estuviera desgarrando. Una poderosa fuerza invisible destrozaba todo cuanto era yo.

En medio de la oscuridad que se cernía sobre mí, escuché el chirrido de unos frenos. Con esfuerzo, levanté la vista y vi que un Renault 4 blanco se detenía junto a nosotras. Dos niños pequeños, de unos cuatro y siete años, bajaron del coche seguidos por una mujer. Ella corrió hacia mí como si supiera que mi vida pendía de un hilo. No la conocía, nunca la había visto antes, pero su presencia irradiaba una paz extraña, casi sobrenatural, como si nos hubiéramos conocido en otra vida, en otro tiempo.

—Ven conmigo —me dijo con voz suave pero firme, mientras me ayudaba a enderezarme.

—¿Adónde me llevas? —pregunté, resistiéndome débilmente.

—A esa clínica. Necesitas que te atiendan inmediatamente —respondió con determinación.

Nunca había estado en aquel centro médico. Era pequeño, discreto, casi insignificante, el tipo de lugar que ves de pasada, pero nunca te detienes a observar. Yo insistía en volver al coche y regresar a casa. La mujer no me lo permitió.

Se agachó junto a mis hijas y les susurró algo, pero no pude oír sus palabras. Lo que sí vi fue el cambio instantáneo en ellas. Sus pequeños cuerpos, tensos por el miedo y la confusión, se relajaron de repente. La mujer, con una infinita ternura, dirigió luego su atención a sus propios hijos, indicándoles que jugaran con las niñas. Sin dudarlo, obedecieron y, en cuestión de segundos, los cuatro pequeños se alejaron unos metros, inmersos en su propio mundo, despreocupados.

El dolor era insoportable, no solo físico, sino emocional. Era como si una fuerza invisible y terrorífica intentara arrancarme el alma. Quería rendirme, dejar que terminara el sufrimiento. Ya no podía más.

—No puedes morir —me repetía ella una y otra vez.

El sufrimiento era demasiado. Le supliqué que me dejase morir. Sin embargo, ella no me soltó. Me sostuvo con firmeza, casi arrastrándome hasta la clínica.

Cuando entramos, la recepcionista llamó de inmediato al personal médico, que acudió rápidamente a auxiliarme.

—No te preocupes por las niñas —me susurró con una serenidad que parecía abarcar todo mi dolor—. Estarán bien con mis hijos.

No olvidaré nunca su rostro: una mujer de unos treinta años, con ojos oscuros, profundos y llenos de vida. La luz artificial de la clínica hacía brillar su piel morena. Vestía unos vaqueros desgastados y una camisa blanca sencilla.

Me llevaron urgentemente a una de las pequeñas consultas. Dentro, todo se volvió borroso. No sé en qué momento desapareció la mujer. Solo sé que cuando desperté ella ya no estaba.

Un año después, sucedió algo sobrenatural. Estaba recogiendo a mi hija pequeña del colegio como cualquier otro día. Caminábamos por una avenida con mucho tráfico cuando, de repente, mi hija se detuvo en seco. Giró la cabeza a un lado y, con una sonrisa alegre, saludó con la mano al aire.

«¡Sí, está muy bien!», dijo en voz alta, como si hablase con alguien.

—¿Con quién hablas?

—Con la mujer —respondió—. La mamá de los niños con los que jugamos aquel día que estuviste tan enferma. Iba en el coche; ha parado un momento para preguntar y se ha marchado.

¿De qué hablaba mi hija? Yo no había visto nada.

—¿Qué os habéis dicho? —insistí conteniendo la respiración, con el corazón acelerado.

—Quería saber cómo estabas. Le dije que muy bien.

Busqué con la mirada desesperadamente por la calle. Mi hija había visto a aquella mujer, pero yo no.

Quise correr, buscarla, encontrarla entre la multitud. Quise abrazarla, agradecerle que me hubiera salvado, que hubiera cuidado de mis hijas en aquel momento crucial.

Me quedé inmóvil, con el corazón encogido, mirando a mi alrededor, creyendo que quizá nunca tendría la oportunidad de decirle cuánto significaba para mí.

Al cabo de unos meses, mi hija mayor, que paseaba con una amiga por un parque, se detuvo en seco al ver a una mujer a lo lejos. Vestía unos vaqueros desgastados y una camisa blanca. Mi hija la reconoció de inmediato; era la misma mujer que nos había ayudado aquel día. Antes de que mi hija pudiese decir algo, ella le dirigió una sonrisa, se dio la vuelta y desapareció detrás de un árbol.

Intrigadas, mi hija y su amiga corrieron tras ella, pero lo único que encontraron al llegar fue una niebla blanca, suave y luminosa. No había rastro de la mujer. La escena era tan surrealista que parecía extraída de un sueño. Aquello desafiaba toda lógica. Dos madres, sentadas cerca del árbol tomando café, no podían dar crédito a lo que habían presenciado. La mujer había desaparecido, así, sin más.

Años más tarde, como acompañante de enfermos, conocí en un hospital a una anciana llamada Carmen. Durante nuestras charlas me habló de su hija y sus nietos, que habían fallecido en un accidente de tráfico en 1972.

Me mostró una fotografía antigua, desgastada por los años. Cuando vi la imagen, sentí que me recorría de arriba abajo un escalofrío. ¡Eran ellos! La hija de Carmen, que se llamaba Rebeca y tenía treinta años, y sus hijos, de cuatro y siete, eran exactamente como los recordaba; no había duda.

Carmen me contó que el día del accidente su hija conducía un Renault 4 blanco y llevaba a sus hijos en el coche. Era el mismo coche que había frenado junto a nosotras aquel día. Todo encajaba de una manera increíble, pero imposible de negar.

¿Cómo podía ser que esas personas, que habían fallecido hacía años, aparecieran para salvarme?

Sé, con una convicción que va más allá de la razón, que algún día volveremos a encontrarnos. Ese reencuentro está escrito en algún lugar del universo que todavía no puedo comprender. Pero cuando llegue el momento, sé que la volveré a ver, y todo el misterio que nos une se revelará al fin.

14

Lágrimas en la lluvia

> Las lágrimas más amargas que se derramarán sobre nuestra tumba serán las de las palabras no dichas y las de las obras inacabadas.
>
> Harriet Beecher Stowe

Me dieron una nueva oportunidad de vivir, y con ello sentí una llamada que no podía ignorar: apoyar a quienes sufren por enfermedades graves o que afrontan la pérdida de sus seres queridos. Desde mi regreso y durante años, acompañé a enfermos terminales y a moribundos. Pero no iba sola; llevaba conmigo un mensaje poderoso, una verdad que necesitaba ser compartida: la vida no termina con la muerte, y la muerte, tal como la conocemos, no es real. Ellos debían saberlo. Mi propósito era ser el faro en sus momentos más oscuros, sostenerlos cuando el fin se acercaba y ofrecerles la esperanza de que lo que les esperaba al otro lado de la vida era paz, amor y la continuidad de su espíritu.

A lo largo de mi camino he recopilado vivencias de personas que estaban en sus últimos días y de sus familiares, experiencias que revelan lo que veían en los momentos previos a su muerte, lo que sentían, y cómo sus almas parecían anticipar lo que vendría. Estos testimonios, cargados de misterio, comparten inquietantes similitudes. Independientemente de la educación, edad, raza, religión o cultura de las personas que los vivieron, todos describen, con matices distintos pero inconfundibles, una misma verdad: la muerte no es un final, sino una transición hacia algo más grande.

Muchos de los enfermos a los que he acompañado tuvieron visiones de familiares ya fallecidos que en los momentos previos a su partida les anunciaban su inminente muerte con una serenidad tranquilizadora. En algunas ocasiones, tanto los familiares cercanos como el personal médico fueron testigos de esos instantes.

Algunos de esos pacientes describían lo que llamaban «la antesala», un lugar de transición habitado por seres espirituales, cuya misión era asistir a quienes estaban a punto de cruzar al otro lado. Estos relatos, al igual que aquellos en los que los moribundos afirmaban ver a seres queridos fallecidos, eran frecuentemente descartados por la mayoría de los médicos y los familiares como delirios, fruto de la confusión mental de los últimos días de vida.

Lo que estas personas describían no era producto de una mente deteriorada, sino de algo más profundo, algo que conectaba con lo inexplicable. Cuando alguien está al borde de la muerte, ya sea por una enfermedad terminal o de manera repentina, como en un accidente, puede experimentar fenómenos extraordinarios. Estas experiencias no siempre ocurren en los últimos momentos; a veces los enfermos comienzan a percibir señales mucho antes: sueños premonitorios o visitas de seres queridos fallecidos. Su alma, consciente del inminente tránsito, se prepara antes de que el cuerpo fallezca.

Recuerdo el relato profundamente conmovedor que me contó una enfermera sobre su padre. Poco antes de fallecer, él le confesó que sabía que su muerte se acercaba y que sería dramática. Al preguntarle ella cómo lo sabía, el padre le dijo que no podía explicar por qué. Había tenido visiones en las que se veía atrapado entre amasijos de hierro, luchando por escapar, hasta que un velo negro caía sobre él y en ese instante comprendía que había muerto. En esas imágenes, el padre aparecía con la misma edad que tenía en ese momento, pero el paisaje que lo rodeaba era otoñal. Aún era verano cuando le hizo esa confesión a su hija, lo que lo llevó a pensar que apenas le quedaban unos meses de vida.

La hija lo atribuyó a los desvaríos propios de la vejez, pensando que quizá su padre sufría de demencia senil. Sin embargo, él estaba tan convencido de lo que decía que le pidió ayuda para poner en orden su testamento y otros trámites importantes. A pesar de su escepticismo, ella decidió ayudarlo.

Al principio, él se mostraba triste y confundido, luchando con la idea de despedirse de sus seres queridos sin querer preocuparlos. Solo su hija conocía la verdad. Con el tiempo, sin embargo, la tristeza dio paso a una serenidad inesperada. Un día le confesó que saber que su muerte estaba cerca había sido, en cierto modo, una bendición, pues le había permitido valorar cada instante, cada pequeño detalle de la vida que, de otra manera, tal vez habría pasado desapercibido. Teniendo esa certeza, se preparó para partir en paz, con la conciencia tranquila.

Durante esas semanas el padre comenzó a hablar de sus encuentros en sueños con personas a las que describía como seres tranquilizadores que lo preparaban con amor para morir. Esos encuentros le deparaban consuelo, paz, y la sensación de que todo estaba en su lugar, listo para su partida.

A partir de ese momento, su vida dio un giro inesperado. Decidió despedirse del mundo con gratitud y dedicación. Pasaba más tiempo con sus nietos, sus amigos y todos aquellos a los que amaba. A quienes había herido en el pasado les pidió perdón. Retomó el contacto con viejas amistades, y juntos recordaban historias de juventud. No hubo una sola queja en sus últimos días; al contrario, agradecía cada cosa, cada momento.

Uno de los gestos más conmovedores de esos meses fue su decisión de apuntarse a un taller de cocina. El día de su boda le había prometido a su esposa que algún día aprendería a cocinar, pero nunca lo había hecho. Años después de la muerte de ella, aquella promesa seguía sin cumplirse, y decidió que era el momento de honrarla. Aprendió rápido y, con dedicación, preparaba paella todos los domingos para su familia como una forma de mantener viva la memoria de su amada esposa.

Al fin llegó el otoño y, tal como había predicho el hombre, el 1 de noviembre, Día de Todos los Santos, sucedió. Iba en coche rumbo al cementerio para llevar flores a la tumba de su esposa y conducía uno de sus hijos, cuando se vieron envueltos en un accidente múltiple. El coche quedó destrozado y el padre falleció en el acto, atrapado entre los hierros, como en sus visiones. El hijo sobrevivió.

Cuando la enfermera recibió la noticia, ya lo sabía en lo más profundo de su corazón: su padre tenía razón desde el principio. Ella lo conocía bien y, siendo enfermera, había llegado a comprender que aquellas visiones no eran producto de ninguna enfermedad, sino de algo mucho más profundo, un conocimiento del alma.

Aquel hombre se despidió de la vida de la manera más hermosa: con una sonrisa, cumpliendo promesas y dejando un legado de amor y aceptación.

Estos ejemplos son más comunes de lo que creemos: historias de personas que, a través de premoniciones, perciben la cercanía de su propia muerte. En muchos casos, quienes experimentan estas visiones logran poner en orden sus asuntos pendientes, desde redactar el testamento hasta reconciliarse con otros. Es como si el destino les diera una última oportunidad para cerrar todos los ciclos.

Sin embargo, no todos tienen ese privilegio. La mayoría de la gente no cuenta con el tiempo necesario para arreglar sus asuntos terrenales antes de partir. Para muchos, la muerte llega de manera abrupta, sin avisos ni premoniciones.

Hablemos de aquellos que se encuentran en fase terminal. Nosotros, sus seres queridos, nos esforzamos por animarlos, pero a menudo caemos en la trampa de ofrecerles falsas esperanzas, engañándonos al pensar que todo saldrá bien.

He visto en demasiadas ocasiones a familiares diciéndole al enfermo que se recuperará, que aún le queda tiempo. Sin embargo, el moribundo ya conoce su destino. No hay lugar para el engaño. Mentirle solo aumenta su angustia, haciéndole cargar no solo con su propio dolor, sino también con el sufrimiento de los demás. Esa mentira piadosa, nacida del miedo a perderlo, puede hacer que el enfermo se sienta culpable por su muerte. Y eso no es justo.

Lo que el moribundo realmente desea es no estar solo y vivir sus últimos momentos rodeado de amor y paz. Cuando la familia acepta lo que va a ocurrir, el proceso de despedida se vuelve mucho más sereno. Sé que enfrentar la inminente partida de alguien que amamos es desgarrador, pero es también el mayor regalo que podemos ofrecerles: la tranquilidad de irse en paz, sabiendo que los que nos quedamos aquí seguiremos adelante.

No se trata de reprimir el dolor, sino de poner el amor en primer lugar. En el lecho de muerte, ese amor será la medicina más poderosa, el bálsamo que permitirá a esa persona cruzar hacia la otra vida de la mejor manera.

Ahora abordemos otro aspecto. ¿Alguna vez has oído hablar de personas, enfermas o sanas, que tienen encuentros con familiares ya fallecidos que vienen a avisarlos de su muerte? Tal vez te suene, o quizá haya ocurrido en tu propio entorno o familia. Estas visiones, en las que seres queridos que ya partieron se presentan para advertir sobre la cercanía del final, siguen un patrón sorprendentemente común, aunque los detalles varían en cada caso. Son fenómenos que han ocurrido a lo largo de la historia en todas las culturas. Hay algo universal en ellos que no podemos ignorar.

Uno de los casos más comunes es el de personas enfermas que, en sus últimos días, aseguran ver a su padre, su madre u otro pariente fallecido. Relatan que estos seres queridos han venido a buscarlos y, mirando fijamente a un punto, conversan con ellos como si realmente estuvieran allí, a su lado, de forma completamente natural. Según explican, esos seres queridos les advierten que deben prepararse, pues el momento de morir se acerca.

En otras ocasiones, esas advertencias llegan a través de sueños, casos de los que he recibido innumerables testimonios.

Recuerdo en particular el de una amiga. Su padre, un hombre joven y en perfecto estado de salud, despertó una mañana preocupado por un sueño demasiado real. En el sueño, su hermano y un tío, ambos fallecidos, se le aparecían con una maleta y le decían que se fuera preparando para el viaje. Aunque siempre había sido agnóstico, y escéptico ante cualquier creencia sobrenatural, el sueño fue tan vívido que no pudo ignorarlo. Pasó el día inquieto por lo que había soñado. Y antes de que terminara esa misma jornada, sufrió un derrame cerebral fulminante.

Lo que más le impactó a mi amiga fue que a su padre, quien nunca había creído que existiese algo después de la muerte, lo advirtieran de su partida aquellos a quienes nunca pensó volver a ver. Este tipo de experiencias nos obliga a cuestionar lo que creemos saber sobre la vida, la muerte y lo que puede suceder más allá.

Voy a contarte la experiencia de una anciana ingresada en un hospital, como ejemplo de lo que sucede cuando alguien contacta con familiares que ya no están en este plano físico. Aquella noche yo estaba acompañando a un familiar mío que se recuperaba de una enfermedad. Oí unos susurros que provenían de la habitación de al lado. Era de madrugada, y la anciana estaba sola, sin ningún acompañante. Mi primer pensamiento fue que tal vez estuviera hablando con alguna enfermera.

Intrigada, me acerqué. Al asomarme, vi a la mujer sentada en su cama, mirando de frente a la pared y susurrando algo en voz baja. Llevaba algunos años acompañando a enfermos terminales y sabía bien lo que estaba ocurriendo: la mujer conversaba con parientes fallecidos. Sin embargo, esa vez ocurrió algo diferente: yo podía oír las voces de aquellos con quienes hablaba. Eran apenas murmullos, tan bajos que no logré entender lo que decían, pero había algo innegablemente presente en esa habitación. Lo que sí oí con claridad fueron las palabras de la anciana: «Sí, mamá, ya quiero irme… Estoy tan cansada de ver cómo se van todos de este mundo, tan cansada…».

Me quedé paralizada por un momento, con el corazón acelerado. Luego salí corriendo hacia la sala de las enfermeras. Ellas también podían oír esas voces. No era la primera vez. Y aún estaba ocurriendo algo más extraño: por la enfermedad de los huesos que sufría, a la anciana debería haberle sido imposible incorporarse en la cama y, sin embargo, allí estaba, sentada, con la espalda recta.

A la mañana siguiente la anciana murió. Cuando la encontraron, tenía una sonrisa suave y una expresión de paz indescriptible en el rostro. Había partido, tal vez llevada por esos mismos susurros, hacia un lugar donde ya no estaría cansada.

En una ocasión acompañé a un paciente que, rodeado por sus hijos, conversaba con su esposa fallecida hacía trece años mientras también hablaba con nosotros. «¿Veis a mamá? Está aquí, sentada a mi lado en la cama. Viene a verme todos los días, hablamos mucho. No os preocupéis. Ella estará conmigo cuando me vaya. No tenéis por qué temer ni sufrir. Estaré bien. Estaremos bien».

Este patrón se repite con frecuencia. Los seres queridos que ya partieron acuden desde el más allá para acompañar al moribundo, preparándolo para el tránsito final. Y, aunque resulte imposible explicarlo con los parámetros de la razón, esa presencia tiene un efecto profundo no solo en el enfermo, sino también en los familiares. Saber que su ser querido no emprenderá el último viaje solo es, para muchos, una fuente de consuelo que aligera el dolor de la despedida.

La sensación de paz que ofrecen estas experiencias es inmensa. Para quien va a morir son una mano invisible que lo sostiene en su fragilidad. Para quienes se quedan es un bálsamo que suaviza el duelo. La aceptación de estos fenómenos permite afrontar la muerte con menos temor al confiar en que la vida continúa más allá de lo que conocemos.

Uno de los episodios más emotivos que he presenciado ocurrió con una adolescente con síndrome de Down a quien le habían ocultado la muerte de su primo, muy querido por ella. De repente, la joven fijó su mirada en un rincón vacío de la habitación, como si algo o alguien invisible hubiera captado su atención.

La chica comenzó a reírse. «Ay, siempre haciendo tonterías. Qué gracia me haces», dijo entre risas, como si hablara con un conocido. «¿Por qué estás tan contento? ¿De qué te ríes tanto? ¡Qué payaso eres!».

Su familia la miró con desconcierto y al final alguien le preguntó con quién hablaba. Ella, con la mayor naturalidad del mundo, respondió: «Con el primo Manuel». Los rostros de los presentes palidecieron. «Dice que está muerto», continuó ella, ajena al impacto de sus palabras.

Los familiares cruzaron miradas llenas de incredulidad y asombro. El primo Manuel había muerto hacía unas horas, pero la familia había decidido ocultárselo a la joven para evitarle el dolor. No había forma de que ella supiera la noticia.

Este caso es un ejemplo de ese profundo misterio que, de vez en cuando, parece colarse entre el mundo de los vivos y los muertos.

Hablando de los moribundos, hay un aspecto que, aunque incómodo, es necesario abordar: el derecho a morir en paz. He visto a enfermos que, conscientes de que ha llegado su hora, sufren enormemente cuando sus seres queridos les suplican que no se vayan, que luchen. Es una batalla cruel entre la necesidad de marcharse y el deseo de no causar más dolor a los que se quedan. Y he notado un patrón que se repite en estas despedidas: en muchos casos, el paciente elige irse cuando se queda solo, tal vez aprovechando un momento de distracción, o en medio de la noche, cuando el familiar que lo acompaña cae rendido por el sueño. Es un fenómeno que se repite una y otra vez.

¿Te suena? ¿Sabes de alguien que falleciera al amanecer, cuando no había nadie vigilando? Hay algo profundo en esto, un instinto primario que les permite viajar en paz cuando no hay ojos que los retengan, cuando las súplicas cesan y el peso del amor, que también puede ser una cadena, se disuelve en el silencio de la madrugada. Es como si, para irse tranquilos, necesitaran ese último momento de soledad en el que nadie puede detenerlos.

Es fundamental no obligar a luchar a un ser querido que está cerca de la muerte. Lo que esa persona necesita en sus últimos momentos no es una batalla, sino sentir que está rodeada de amor, arropada, y que puede irse en paz. No debemos encadenarla a este mundo, a este plano terrenal. Si de verdad amamos a esa persona, nuestra mayor responsabilidad es ayudarla a desprenderse de su yo físico, permitiéndole el descanso necesario para seguir su camino hacia la luz.

A menudo, el sufrimiento de la muerte inminente se alivia cuando el enfermo percibe nuestra aceptación. En esos momentos cruciales, lo que más reconforta es ver en los ojos de los seres queridos una disposición sincera a dejar ir, a aceptar lo inevitable. Resistirse, aferrarse a ellos con súplicas de que no se vayan solo prolonga el dolor. El verdadero amor consiste en soltar, en darles permiso para trascender.

Y luego están esos casos que parecen milagrosamente orquestados por el destino: enfermos terminales que se aferran a la vida hasta que llega esa persona especial que vive lejos. Y entonces, justo después de ese encuentro, el enfermo se va, habiendo cumplido el último adiós. ¿Has oído historias así?

Esos momentos nos enseñan algo profundo: el enfermo, consciente de su final, muchas veces sabe cuándo es el momento exacto de abandonarse a la muerte. Es un último acto de control, una decisión personal e íntima. Por eso, debemos permitirles que sean ellos quienes elijan cómo vivir sus últimos momentos. Es su vida, no la nuestra, por mucho que nos conecten lazos de amor. Cuando llegue nuestro propio momento, todos querríamos lo mismo: decidir cómo queremos irnos de este mundo. Dejemos que quienes amamos tengan esa libertad.

A medida que la muerte se acerca, lo que más atormenta a muchas personas no es la muerte en sí, sino los arrepentimientos. Es en ese momento en que el tiempo se agota y las oportunidades se desvanecen, cuando el peso de lo no hecho, lo no dicho, se vuelve insoportable. Arrepentirse en esos últimos instantes es una carga dolorosa, una conciencia aguda de que ya no hay vuelta atrás, que no es posible regresar al pasado para corregir errores, cambiar decisiones o recuperar momentos perdidos.

Es devastador darse cuenta de que lo que se dejó de lado por miedo, orgullo o falta de tiempo ya no se puede enmendar. En esos casos, lo peor no es la muerte en sí, sino haber desperdiciado la vida. En esos instantes finales, todo lo material pierde sentido, y lo único que importa es lo que se hizo con el tiempo que se tuvo, con los afectos, con los sueños. No hay mayor dolor que desear haber vivido de otra manera cuando ya no es posible cambiar nada.

Según Bronnie Ware, una enfermera australiana especializada en cuidados paliativos, hay cinco arrepentimientos que se repiten entre quienes se acercan a la muerte.

El primero es no haber vivido una vida propia. Los enfermos se dan cuenta de que han pasado años, quizá décadas, cumpliendo las expectativas ajenas, haciendo lo que los demás esperaban de ellos, y dejando atrás sus propios sueños. El peso de esta revelación es aplastante. Saben, en lo profundo de su ser, que nunca se han dado permiso para seguir su propio camino. Y ahora, en la recta final, ese tiempo se ha ido para siempre.

El segundo arrepentimiento es haber trabajado demasiado. Los años dedicados a la vida laboral los alejaron de lo que realmente importaba: el tiempo con sus seres queridos. Los momentos que podrían haber compartido con sus hijos, su pareja, sus amigos, quedaron perdidos en un mar de responsabilidades y obligaciones. Y ya no hay vuelta atrás.

A continuación, está el arrepentimiento de no haber tenido el coraje de expresar sus verdaderos sentimientos. Muchos se dan cuenta de que han pasado gran parte de su vida ocultando lo que realmente sentían por miedo a herir, a romper la paz, a desestabilizar el frágil equilibrio de las relaciones. Con el tiempo, esa represión se convirtió en una carga de amargura y resentimiento. Si pudieran regresar, juran que no volverían a callar, que siempre dirían lo que sienten, porque la verdad, por dolorosa que sea, es más liberadora que el silencio.

El cuarto arrepentimiento es la distancia que creció entre ellos y sus amigos. En el ritmo vertiginoso de la vida, dejaron atrás a personas que alguna vez fueron esenciales para ellos. Los viejos amigos se convirtieron en ecos lejanos, y esa falta de conexión pesa como una piedra. Lamentan no haber mantenido esas amistades vivas.

Y, por último, muchos descubren que no se han permitido ser felices. Se dan cuenta de que, en su afán por cumplir con las obligaciones, cayeron en las trampas de la vida, olvidándose de disfrutar de las pequeñas cosas. Averiguan demasiado tarde que la felicidad no está en el gran éxito o en las metas inalcanzables, sino en los momentos de calma, en los placeres sencillos, y en abrazar la vida con gratitud.

Estos arrepentimientos, aunque diversos, comparten un hilo común: el amor. El amor por uno mismo, por los seres queridos, por la vida, que, cuando se vislumbra el final, nos revela la verdad más dolorosa: lo valioso que era cada instante que dejamos escapar. En el umbral de la muerte, las personas al fin comprenden que lo esencial siempre estuvo en las relaciones, en el amor y en la capacidad de ser verdaderamente auténticos.

La pregunta no es qué harás mañana, sino ¿a qué esperas para empezar hoy? Hoy es el mejor día de tu vida, el único que realmente tienes en tus manos. Así que baila, ríe, ama mientras puedas, porque el mañana no existe. Vive de manera que cuando llegues al final de tu vida no tengas que mirar atrás con pesar, sino con orgullo y gratitud.

Este es tu momento. Aprovecha cada segundo, porque lo único peor que la muerte es haber dejado la vida pasar sin haberla vivido plenamente.

Un domingo estaba bailando feliz con mi amiga Isabella y, al día siguiente, le dijeron que podría morir. Y murió. Solo tenía quince años.

15

Sin miedo

Incluso la muerte no debe ser temida por alguien que ha vivido sabiamente.

BUDA

La muerte de Isabella fue un golpe brutal. Yo era apenas una adolescente cuando la sombra de la muerte entró de forma inesperada y cruel en nuestras vidas. Un día, sin previo aviso, ella nos reunió a todos —su pandilla, su pequeña familia de amigos— y nos soltó la noticia que ninguno estaba preparado para escuchar: tenía leucemia. Éramos tan jóvenes, tan ingenuos, que ni siquiera entendíamos del todo lo que significaba esa palabra. Nos parecía algo imposible. Isabella era pura vida.

Era una de esas personas que iluminan cualquier lugar al que llegan. Sensible, cariñosa, hermosa, generosa... y, sobre todo, divertida. ¡Cómo le encantaba bailar! Cuando sonaba música, era imposible no verla en el centro riendo, moviéndose con una alegría contagiosa. Por eso para nosotros aquella enfermedad era incomprensible, un sinsentido. ¿Cómo podía algo tan oscuro tocar a alguien tan llena de luz?

Poco a poco, comenzamos a ver cómo se apagaba esa luz. Día tras día, Isabella se marchitaba ante nuestros ojos. Fue desgarrador. Ella sentía lástima de sí misma, y nosotros, en nuestro torpe intento de consolarla, solo le devolvíamos más de esa lástima. Nadie sabía cómo actuar.

Los meses pasaron y su sufrimiento se prolongó demasiado. La agonía parecía interminable, hasta que, al fin, llegó el día en que su cuerpo no pudo más. Fuimos a visitarla al hospital una tarde, cuando ya estaba en la última fase de la enfermedad. No lo sabíamos en ese momento, pero esa fue la última vez que la vimos con vida. Esa misma noche, Isabella se fue, dejándonos a todos sumidos en un estado de profundo dolor.

Para muchos de nosotros fue el primer encuentro real con la muerte, y el impacto fue devastador. Hasta entonces habíamos creído que la muerte era cosa de gente mayor, algo lejano que no nos tocaba. Pero allí, en aquella habitación de hospital, comprendimos que la muerte no hace distinciones. Que también podía arrebatarnos a uno de los nuestros sin previo aviso.

Después de su muerte, ninguno fuimos capaz de hablar de Isabella. El dolor era demasiado profundo. En lugar de afrontarlo, lo enterramos, fingiendo que no había pasado nada. Seguimos adelante, o al menos lo intentamos, pero algo se había roto para siempre. Isabella se llevó consigo una parte de cada uno de nosotros, y aunque no lo dijéramos en voz alta, sabíamos que nada volvería a ser igual.

Durante años me pregunté por qué fue ella, y no mi padre, quien salió a recibirme cuando llegué al otro lado. Ahora creo tener la respuesta: si hubiera sido mi padre, me habría ido con él, no habría regresado. Pero el destino, de alguna manera, tenía otros planes para mí. Y, si puedes oírme, Isabella, te doy las gracias una y otra vez por haber estado ahí, por impedir que cruzara esa puerta. Algún día, estoy segura, volveremos a bailar juntas.

Nunca podré olvidar la imagen de lo que vi detrás de Isabella aquel día. Una puerta inmensa, o quizá una pared, no lo sé con exactitud. Pero lo que sí recuerdo es su brillo cegador, una luz blanca tan intensa que parecía infinita. Instintivamente sabía lo que había más allá: *la otra vida*, el destino final del que solo unos pocos hemos vislumbrado un fragmento.

En algunas culturas la muerte no es motivo de temor. A lo largo de milenios las civilizaciones han rendido culto a uno de los grandes misterios de la humanidad, tratando de desentrañar su esencia y significado. Muchas sociedades creían firmemente en la existencia de una vida más allá de la muerte. Un ejemplo universal lo encontramos en los antiguos egipcios. Para ellos la muerte era una transición, no un final. Se enterraba a los faraones rodeados de objetos cotidianos, herramientas que les serían útiles en su viaje al más allá, un reflejo de su convicción en la continuidad de la vida.

Sin embargo, en nuestra sociedad occidental la muerte se ha envuelto en un aura de miedo. Desde que somos pequeños se nos inculca un profundo miedo a ella, ya sea por cuestiones religiosas o culturales. La muerte se convierte en algo a lo que temer, en un tabú que pocos se atreven a confrontar. He conocido a personas que incluso se han avergonzado de que un ser querido falleciera de cáncer, ocultando la verdadera causa a los demás. ¿Qué tiene de vergonzoso morir de cáncer u otro motivo? La muerte no debería ser una mancha que ocultamos en la sombra, sino parte del ciclo natural de la vida.

El caso de los suicidios es aún más sombrío. Nuestra sociedad nos dice que el acto de poner fin a nuestro sufrimiento es una especie de pecado sin perdón. Incluso en algunas religiones aquellos que se suicidan no pueden recibir un entierro digno. Pero ¿realmente tenemos derecho a juzgar a quienes no pudieron soportar el peso de su dolor, quitándose la vida? Por supuesto que tienen razones para vivir, pero a veces hay personas que, por mucho que lo intenten, no logran encontrar su camino en este mundo. ¿Debemos tratarlos como si fuesen desechos humanos por ese motivo? ¿Soy yo mejor que ellos solo porque he logrado encontrar mi propósito en la vida?

Estas creencias, profundamente arraigadas en el subconsciente colectivo, son difíciles de erradicar. Durante siglos hemos permitido que el miedo, la vergüenza y la incomprensión moldearan nuestra relación con la muerte. Pero hay esperanza. La buena noticia es que, por naturaleza, el ser humano tiene la capacidad de evolucionar, de alcanzar un nivel superior de conciencia. La muerte no es el enemigo, sino una parte inevitable de nuestra existencia. Si logramos aceptar esto, tal vez podamos aprender a vivir de una manera más plena, más auténtica.

La evolución de nuestra conciencia está a nuestro alcance y, con ella, podríamos ver la muerte no como un final temido, sino como una transición, una puerta hacia lo desconocido cargada de posibilidades que todavía no comprendemos. Y tal vez en ese punto la muerte deje de ser un tabú para convertirse en una parte más del viaje de ser humanos.

El miedo a la muerte y a las enfermedades está

profundamente arraigado en nuestro instinto de supervivencia. Este temor natural nos ha protegido a lo largo de la historia, asegurando que la raza humana siga adelante. Sin embargo, una cosa es el miedo lógico a lo desconocido, y otra muy distinta el profundo pavor con el que muchos se enfrentan a la idea de la muerte. Cuando este miedo se vuelve extremo, hablamos de tanatofobia: el terror a la muerte llevado al límite.

Nos guste o no, la única certeza en la vida es que moriremos. Al ser una verdad difícil de aceptar, evitamos pensar en ello, confiando en que aún nos quedan años por delante. Sin embargo, vivir con la constante preocupación de que hoy puede ser nuestro último día no solo es desgastante, sino que nos priva del presente. Conozco personas que viven con auténtico terror a la muerte, y mientras tanto, pasa la vida.

¿No sería mucho mejor aprovechar al máximo lo que tenemos hoy, en lugar de temer constantemente lo que está por venir? Aceptar la vida como un proceso natural es también reconocer la muerte como una parte inevitable de nuestra existencia.

El mundo es dual: la luz no existiría sin la oscuridad, como tampoco la alegría sin la tristeza, o la compañía sin la soledad. La muerte es simplemente la otra cara de la vida, y ninguna de las dos puede existir sin la otra.

A veces lo que las personas realmente temen no es la muerte en sí, sino el sufrimiento que podría acompañarla. El miedo al sufrimiento físico es algo que a todos nos espanta. Es natural no querer sufrir, algo perfectamente comprensible. Se trata de un temor profundamente humano.

Para vencer el miedo a la muerte, existen varias estrategias que nos permiten transformar esa ansiedad en una vida más plena. La primera, y quizá la más poderosa, es la aceptación. Cuando aceptamos la muerte como parte inevitable de nuestra existencia, comenzamos a aceptar la vida en su totalidad. Es entender que la muerte no es el fin, sino un proceso natural que todos afrontaremos. Al asumirlo, nos permitimos vivir con más libertad y menos miedo.

La segunda estrategia es centrarse en vivir. Puede parecer obvio, pero sorprende cuántas personas pasan por la vida sin realmente abrazarla. A menudo caemos en la trampa de la pereza, la falta de tiempo o las excusas que nos decimos a nosotros mismos para no enfrentarnos a los aspectos de nuestra vida que nos desagradan. Pero vivir plenamente no admite pretextos. Es mucho más fácil quejarse de la vida, de las circunstancias, que tomar decisiones conscientes para cambiar lo que no nos gusta. Al final, todo se reduce a una elección: o decides vivir intensamente, en todos los sentidos, o no lo haces.

Si eres de los que sienten un miedo profundo a la muerte, te invito a indagar en el origen de ese miedo. Tal vez provenga de algún suceso traumático: la muerte de un ser querido, una mascota, o incluso un hecho trágico que presenciaste de lejos. Encontrar el origen de ese temor puede ayudarte a racionalizarlo y, por último, a liberarte de él.

Cada día cobran más importancia las investigaciones sobre la relación entre las emociones y las enfermedades. La mayoría de los médicos y enfermeros con los que he hablado del asunto han constatado que muchas dolencias tienen un origen emocional: soledad, ira, rencor, desdicha… Estas emociones parecen ser el detonante de muchos males.

Si aprendiésemos a controlar la mente, podríamos prevenir algunas enfermedades. Los pensamientos generan emociones, y estas, a su vez, nos llevan a actuar de una manera u otra. Así, el cuidado que pongamos en nuestros pensamientos se reflejará en nuestra salud. Nuestros actos diarios, impulsados por nuestras emociones, pueden ser la clave para evitar, o desencadenar, una enfermedad.

En los últimos años he podido confirmar algo que probablemente te suene. ¿Cuántas veces has oído hablar de gente que llega al hospital con una enfermedad leve, ingresa y fallece en poco tiempo? Y, por el contrario, ¿cuántas veces has sabido de personas con enfermedades mortales que se recuperan sin explicación aparente? En muchos de estos casos, los primeros se sienten solos, sin nadie que los motive a seguir adelante. Para ellos, la vida ha perdido sentido. Mientras que los segundos, aquellos que sobreviven, están rodeados de sus seres queridos, de motivos para luchar. Tienen responsabilidades, personas que dependen de ellos, y eso los impulsa a seguir adelante.

Un ejemplo común que he visto muchas veces es el de enfermos que tienen una mascota que depende únicamente de ellos. Cuando ingresan en el hospital, su deseo de cuidar de ella los ayuda a mejorar rápidamente, a veces incluso superando enfermedades mortales. Con esto no estoy diciendo que sea posible esquivar la muerte, pero sí entender que podemos vivir mejor y más tiempo si aceptamos que muchas enfermedades tienen un fuerte componente emocional.

Tras mi propia experiencia cercana a la muerte, comencé a investigar la relación entre la salud y las emociones. Louis L. Hay, pionera en el campo de la autoayuda, escribió en su famoso libro *Usted puede sanar su vida*: «El cuerpo, como todo en la vida, es un espejo de nuestras ideas y creencias. El cuerpo siempre nos está hablando; solo hace falta que nos molestemos en escucharlo». Lise Bourbeau, en *Obedece a tu cuerpo. Ámate*, explica que «las causas más comunes de la enfermedad son las actitudes y emociones negativas, la culpabilidad, la búsqueda de atención y el uso de la enfermedad para evitar situaciones desagradables».

Lo mismo me ocurrió a mí. Mi cuerpo enfermó porque mi mente había creado un ambiente tóxico. La negatividad se expandió por todo mi ser y, a través de la enfermedad, mi cuerpo me envió una señal de alarma. Debía cambiar mis pensamientos, afrontar mis emociones y aprender a vivir con ellas.

Es cierto que todos deseamos estar sanos, pero muchas veces permitimos que los pensamientos creen el ambiente perfecto para el desarrollo de enfermedades. El cuerpo es un reflejo de la mente, y cada pensamiento que albergamos tiene el poder de afectar a nuestra salud, para bien o para mal.

Cada enfermedad trae consigo una lección que debemos aprender. No es momento de quejas, de victimismo o de culpa. Yo caí en esa trampa y enfermé aún más. ¿Has oído la máxima «El cuerpo grita lo que la boca calla»? Para sanar, necesitamos enfrentarnos a esa habitación oscura dentro de nosotros donde comenzó todo. Una vez allí, descubrirás que lo único a lo que realmente te enfrentas es a un pensamiento. Cambia ese pensamiento, y desaparecerá la emoción que te llevó a enfermar.

Los sentimientos negativos nos destruyen. Lo he visto. Rencor, resentimiento, odio, falta de amor propio, culpa, victimismo… Estas emociones atacan directamente a nuestra salud. Puedo decir que a mí me mataron mis emociones. Primero enfermó mi espíritu y después mi cuerpo. Para evitar que eso ocurra, necesitamos hacer tres cosas: cambiar nuestra forma de pensar, perdonar (a los demás y a nosotros mismos) y aprender a amarnos y aceptarnos.

Para combatir el origen emocional de las enfermedades, debemos trabajar con el amor en todas sus formas: el perdón, la tolerancia, el respeto y la comprensión hacia nosotros mismos y hacia los demás. Cambia las creencias negativas que te hacen enfermar por pensamientos positivos que fortalezcan tu salud. No basta con decir que mereces ser feliz y vivir bien; tienes que crearlo en tu interior.

A lo largo del tiempo que he pasado en hospitales, grupos de apoyo y asociaciones de enfermos he conocido a cientos de personas con todo tipo de dolencias. Muchas veces me parecía injusto y cruel el sufrimiento que vivían. ¿Por qué tanto dolor? No tengo la respuesta, pero puedo afirmar con seguridad que aquellos que afrontan su situación con una actitud positiva y aceptación se recuperan con más facilidad. Y si no logran sanar, al menos se despiden de la vida en paz. Es algo que la mayoría de los médicos que he conocido también han constatado.

Los milagros suceden cada día. El poder de que

ocurran está dentro de nosotros. Llena tu vida de sentido, crea experiencias que perduren y se conviertan en parte de tu historia. Atesora momentos felices y regresa a ellos siempre que los necesites.

El reloj sigue su curso, implacable, señalando el paso inevitable del tiempo. Por eso es vital aprovechar cada instante al máximo. Vivir con intensidad, sin permitir que el miedo o la incertidumbre nos paralicen, es la única forma de vencer la tiranía del tiempo. Así, cuando el último tic tac se desvanezca y el silencio lo envuelva todo, podremos sonreír con serenidad, sabiendo que dimos lo mejor de nosotros, que realmente vivimos, y que la plenitud fue nuestra fiel compañera hasta el último suspiro.

16

Quédate junto a mí

La muerte no existe, la gente solo muere cuando la olvidan; si puedes recordarme, siempre estaré contigo.

Isabel Allende

¿Conoces este hermoso poema escocés para despedir a un ser querido?

Puedes llorar porque se ha ido
o puedes sonreír porque ha vivido;
puedes cerrar los ojos y rezar para que vuelva
o puedes abrirlos y ver todo lo que ha dejado;
tu corazón puede estar vacío porque no lo puedes ver
o puede estar lleno del amor que compartes;
puedes llorar, cerrar tu mente, sentir el vacío, dar la
[espalda

o puedes hacer lo que le gustaría:
sonreír, abrir los ojos, amar y seguir.

Si hay un miedo tan grande, o quizá mayor, que el temor a nuestra propia muerte, es el de perder a quienes amamos. Cuando la muerte nos arrebata a alguien cercano, el sufrimiento es casi insoportable. Lo que más nos duele es la ausencia que dejan, ese vacío imposible de llenar. Se trata de un dolor profundamente egoísta, pero también humano. Nunca más volveremos a escuchar la risa de esa persona ni sentiremos el calor de su abrazo, el tacto de sus manos…

Incluso para quienes creemos que el ser querido continúa su existencia en algún otro plano, que su espíritu ha dejado el cuerpo físico para trascender, la pérdida sigue siendo terrible.

La muerte es inevitable. No podemos cambiar su curso, pero sí podemos elegir cómo sobrellevar la inmensa carga emocional que nos deja. Si has pasado por la pérdida de un ser querido, seguramente alguien trató de consolarte diciéndote que esa persona no querría verte sufrir. Y aunque su intención fuese buena, en esos momentos no sientes alivio. En el duelo, las frases de consuelo pierden su peso, se vuelven huecas. Aun así, hay algo que ayuda: la presencia de quienes nos rodean; el saber que, en medio de nuestra desolación, no estamos solos. En esos momentos, cuando la vida se derrumba, el simple hecho de que alguien esté ahí, que se preocupe por nosotros, se convierte en un faro que nos guía a través de la tormenta emocional.

No es posible detener el reloj de la muerte, pero podemos aprender a caminar de nuevo aun cuando nuestras piernas tiemblen bajo el peso de la ausencia.

El ser humano necesita compartir. Es en los momentos más oscuros de nuestra existencia cuando se revela el verdadero poder del amor, desnudo, sin adornos. ¿Cuántas veces, tras la muerte de un ser querido, hemos descubierto quiénes nos aman realmente y permanecen a nuestro lado? Compartir el dolor no lo elimina, pero lo hace más llevadero. Al repartir ese peso emocional entre varios corazones, la carga se vuelve más liviana.

Y no solo los humanos entienden este acto de comunión en el duelo. Resulta asombroso observar que otros mamíferos como las ballenas, los elefantes, los delfines, e incluso algunas aves, viven sus propios rituales de duelo. Sigmund Freud afirmó una vez que el ser humano era el único animal consciente de su propia muerte. Sin embargo, las investigaciones recientes con ciertos mamíferos y aves han puesto en duda esa afirmación. La muerte no es solo un misterio humano, es un misterio compartido por muchas especies.

Durante los años que viví en Costa Rica, observé cómo afrontaban el duelo los primates, su dolor, sus llantos, las muestras de consuelo que se daban. El caso que más me marcó fue el de una manada de monos aulladores. Había oído rumores sobre sus rituales fúnebres, pero nada me preparó para lo que presencié aquel día. Los miembros de la manada se congregaron en torno a su compañero muerto. Con sollozos y lamentos, entonaron un cántico fúnebre. Fue una despedida conmovedora.

Esa escena me enseñó algo fundamental sobre el dolor compartido, algo que nunca había comprendido del todo hasta que perdí a mi padre. En esos momentos, las palabras con buena intención de mis amigos no lograban consolarme, y fue un desconocido quien, con una simple frase, me abrió los ojos a una nueva forma de ver mi duelo: «Siéntete orgullosa de haber sido la hija de alguien tan especial. Eres muy afortunada. Yo nunca conocí a mi padre. ¡Qué suerte la tuya!».

Esas palabras me hicieron sentir algo diferente, algo que nadie había logrado transmitirme. Mi padre acababa de morir y, de alguna manera, era una privilegiada. En medio de ese dolor inmenso, sentí por primera vez algo de paz. No conocía a esa persona, pero sus palabras fueron un bálsamo para mi alma herida.

Mi duelo no fue natural. La primera fase duró mucho más de lo que habría debido. Tenía apenas veinticuatro años y no supe cómo manejar el vacío. «Las lágrimas son adictivas», suele decir mi amiga Laura. El sufrimiento también. El dolor mal gestionado se convierte en un refugio tóxico. No supe, o no quise, afrontar mis emociones. Me refugié en el rencor, ya que era más fácil culpar al mundo y culpar a Dios, si es que existía, por la muerte de mi padre.

Leí una vez una frase muy interesante del médico y psicoterapeuta Alfred Adler: «No sufrimos por nuestros traumas, sino que los aprovechamos para nuestros fines». Con el tiempo, comprendí la verdad de esas palabras. Es fácil caer en la queja, en el papel de víctima cuando la vida te golpea. Lo difícil es enfrentarte cara a cara con la realidad, por dura que sea. No se trata de ser invulnerable ni de sobrepasar nuestros límites físicos, mentales o emocionales. Ir más allá de lo que podemos soportar es peligroso, puede rompernos en pedazos. Y eso fue exactamente lo que me ocurrió.

Me esforcé en sufrir. Podría haber usado esa misma energía para vivir, pero no lo hice. El coste habría sido el mismo, pero elegí el camino del dolor, y por ello mi trayecto fue largo y agotador. La no aceptación de la muerte de mi padre me impidió avanzar, me sumió en un mundo de sombras y demonios internos. Me aislé, creé un infierno dentro de mí. Y comprendí que el verdadero infierno no es un lugar lejano, sino el vacío y el tormento que llevamos dentro cuando nos negamos a aceptar la realidad.

Con el tiempo, aprendí a recordar a mi padre con amor, en lugar de instalada en el rencor hacia un mundo que me parecía cruel en ese momento. Me di cuenta de que sentirnos afortunados por que nos haya amado esa persona que ya no está es, en sí mismo, un privilegio inmenso. No quiero que vivas un duelo como el mío, cargado de dolor y resentimiento. Llorar la muerte de aquellos a quienes amamos es inevitable, pero hay algo que nunca debes olvidar: tú eres la persona a la que más debes amar. El amor comienza por uno mismo, y esa no es una frase hecha ni un cliché vacío. Es una verdad esencial.

Hoy soy feliz al pensar en mi padre. Me siento muy orgullosa de ser su hija. Sé que soy afortunada por haber tenido a un padre tan bondadoso y honesto. Muchas personas no pueden decir lo mismo y por eso me considero una privilegiada.

Pero ¿cómo se supera la muerte de un ser querido? En 1969, la psiquiatra Elisabeth Kübler-Ross describió las cinco etapas del duelo en su obra *Sobre la muerte y los moribundos*. Según ella, el camino hacia la sanación después de una pérdida pasa por cinco fases: negación, ira, negociación, depresión y, por último, aceptación.

Este proceso de duelo no es lineal, y rara vez seguimos esas etapas en un orden determinado. Vamos y venimos de una fase a otra, navegando en un mar emocional impredecible. Pero en algún momento llegamos a aceptar que es posible convivir con esa pérdida y que la vida continúa aunque el ser amado ya no esté físicamente con nosotros.

Cada persona atraviesa el duelo de manera única. Las reacciones y los tiempos varían de un individuo a otro, y no hay un camino correcto o incorrecto. Lo importante es entender que el duelo es un proceso de aprendizaje, una transición hacia una nueva realidad en la que la ausencia de nuestro ser querido se convierte en parte de nuestra vida. Y aunque nunca dejamos de extrañar a quienes se han ido, aprendemos que la vida sigue y, con ella, la posibilidad de encontrar paz en los recuerdos que atesoramos.

Cuando alguien recibe la noticia de la enfermedad terminal o la muerte de un ser querido, la primera reacción suele ser la negación. Es un rechazo instintivo, un escudo que elabora nuestra mente para protegernos del golpe. La negación es un mecanismo de defensa que nos permite filtrar el dolor de manera gradual, permitiéndonos absorber solo aquello que estamos preparados para soportar. En esta fase solemos decir cosas como «Esto no me puede estar pasando a mí», buscando aferrarnos a una ilusión, a una realidad alternativa donde todo sigue igual.

La negación calma el impacto del golpe inicial. En esos primeros momentos, el peso de la verdad parece insoportable, y nos sentimos incapaces de avanzar y concebir un mundo en el que nunca más veremos a la persona que amamos. Sin embargo, con el tiempo, la realidad comienza a filtrarse, y el doliente empieza a aceptar lo sucedido.

No obstante, si alguien se queda atrapado en la negación demasiado tiempo, esta fase puede afectar gravemente a su salud mental y física. Al no ser capaz de afrontar la pérdida, la persona queda anclada en un estado de parálisis emocional, incapaz de avanzar, como me ocurrió a mí.

La segunda etapa del duelo es la ira, que aparece cuando ya no es posible negar la muerte. La realidad de la pérdida se impone, y con ella surge la rabia. Esta ira puede dirigirse hacia los demás, culpando a quienes creemos responsables, directa o indirectamente, de la pérdida. A veces, la rabia se vuelve hacia nosotros mismos, manifestándose en forma de culpabilidad. Nos recriminamos no haber pasado más tiempo con esa persona, no haber dicho lo que queríamos, o haber estado peleados en sus últimos días. Este sentimiento de culpa puede llevar a que nos odiemos, a que nos castiguemos por no haber sido lo suficientemente buenos o no haber estado lo bastante presentes.

Pero ese castigo solo nos destruye. Fustigarnos con el látigo de la culpa no cambiará el pasado. No es posible volver atrás, pero sí podemos aprender de nuestros errores y utilizar ese aprendizaje para ser mejores personas en el futuro, para no repetir el mismo sufrimiento con otras pérdidas que la vida inevitablemente nos traerá.

La tercera etapa del duelo es el regateo. Es la fase en la que comenzamos a enfrentarnos, aunque tímidamente, a la realidad de la pérdida. El tiempo sigue su curso y la ausencia persiste. En este punto, la mente comienza a buscar alternativas, caminos imaginarios que hagan más soportable la pena. Pensamos en cómo será la vida sin esa persona, tratando de negociar, aunque sea con nosotros mismos, una manera de sobrellevar el vacío que ha dejado. Es una etapa de búsqueda interna, donde intentamos encontrar una forma de armonizar con la nueva realidad.

La tristeza o la depresión pueden aparecer en cualquier momento del proceso de duelo, a veces incluso desde el principio, o bien más tarde, cuando el impacto inicial se ha asentado. Al comienzo es común que amigos y familiares se reúnan con nosotros, ofreciéndonos apoyo y consuelo. Las llamadas y los mensajes llegan a diario, y esos gestos de cariño hacen que el dolor sea más llevadero.

Sin embargo, con el paso del tiempo, la vida de los demás vuelve a la normalidad. Las llamadas disminuyen, las visitas se espacian, y es entonces cuando la soledad puede caer sobre nosotros y convertirse en depresión. Es importante recordar que tenemos derecho a sentir ese dolor, a llorar, a ser vulnerables. Permítete experimentar esos sentimientos, porque son parte natural del proceso.

No obstante, hay que tener cuidado. Si bien la tristeza es una fase inevitable del duelo, también puede convertirse en una trampa, en un estado en el que nos quedemos estancados si no somos capaces de avanzar. Como ocurre con las lágrimas, la tristeza puede ser adictiva. El grado en que la vivas determinará si avanzas hacia la aceptación de la pérdida o si te quedas estancado en el sufrimiento.

Aceptar la pérdida no significa olvidar ni dejar de sentir dolor; sin embargo, es un paso hacia la paz. Es entender que el duelo es un viaje complejo y personal, que todos lo transitamos a nuestro ritmo, pero que en algún momento debemos aceptar que la vida sigue, incluso después de la muerte de aquellos a quienes amamos.

La etapa de la aceptación llega cuando la ausencia deja de ser una herida abierta para convertirse en una cicatriz, una marca que siempre llevarás contigo, pero que ya no duele. Esa cicatriz, con el tiempo, se vuelve parte de quien eres; es una huella imborrable de lo que has vivido. Pero no te impedirá ser feliz. Aprenderás a convivir con ella, y aunque el recuerdo de quien se fue siempre estará presente, dejará de ser un obstáculo en tu camino.

No veas la muerte como un castigo. No es un enemigo, sino una parte inevitable del ciclo de la vida. Todos, en algún momento, afrontamos procesos que nos sumergen en el dolor más profundo, pero no podemos permitirnos quedarnos atrapados ahí para siempre. Nuestra responsabilidad es levantarnos y seguir adelante. La tormenta siempre cesa, las nubes se disipan, la oruga se convierte en mariposa, y tú también debes entender que lo que estás viviendo es solo un proceso. Tras la oscuridad, tarde o temprano, llega la luz del amanecer.

La muerte de mis seres queridos, así como de los enfermos a los que acompañé, me enseñó lecciones que no habría aprendido de otra manera. Cada pérdida, aunque terrible, me ha ayudado a crecer, a profundizar en mi compasión y a convertirme en una persona más humana.

Si ahora mismo estás sufriendo una pérdida, aunque te parezca imposible, aunque el dolor sea insoportable, ten fe en que pasará. Respira, confía y permítete sentir todo lo que necesitas sentir. Un día, llegará a ti la paz interior, devolviéndote a la luz.

17

Este lado del paraíso

> He comprobado que es posible llegar a contactar con la Supraconciencia y poder así controlar el ego, nuestra falsa identidad, que me gusta denominar el «no yo», inhibiendo sus cuatro potentes armas: la ignorancia, la afección por lo material, el egoísmo y el miedo. Todo miedo es, en el fondo, miedo a la muerte.
>
> Dr. Manuel Sans Segarra

Algún día lo que hoy consideramos sobrenatural o perteneciente al más allá también será ciencia, aunque en este momento nos resulte imposible verlo. La ciencia no es un pilar inamovible ni una verdad absoluta. Es una creación humana y, como tal, imperfecta y en constante evolución.

La historia nos enseña que la ciencia avanza a medida que se derrumban los límites de lo que consideramos posible. Hace siglos, volar o explorar las profundidades del espacio parecían sueños imposibles y, sin embargo, hoy son realidades cotidianas. ¿Quién puede decir que no ocurrirá lo mismo con los misterios del alma, la conciencia o el más allá? La mente humana tiene aún fronteras por cruzar, y la ciencia es la herramienta con la que algún día descifraremos lo que ahora nos parece imposible.

Quisiera que reflexionemos sobre una metáfora que ilustra cómo lo que hoy desconocemos podría mañana ser una verdad revelada.

PARÁBOLA DE LOS DOS GEMELOS

En el vientre de una mujer embarazada, dos bebés conversaban entre sí.

—¿Tú crees en la vida después del parto? —preguntó uno.

—Claro que sí —respondió el otro—. Debe de existir algo después del parto. Tal vez la razón de que estemos aquí es prepararnos para lo que vendrá más tarde.

—¡Tonterías! —replicó el primero—. No hay vida después del parto. ¿Cómo sería esa vida?

—No lo sé con exactitud, pero seguramente habrá

más luz que aquí. Tal vez caminemos con nuestros propios pies y nos alimentemos por la boca.

—¡Eso es absurdo! Caminar es imposible. ¿Y comer por la boca? ¡Ridículo! Nosotros nos alimentamos a través del cordón umbilical. Yo te digo una cosa: la vida después del parto está descartada. El cordón umbilical es demasiado corto.

—Yo creo que debe de haber algo más allá, aunque sea distinto de lo que conocemos aquí.

—Pero nadie ha vuelto jamás de ese supuesto «más allá» después del parto. El parto es el final de todo. Y, a fin de cuentas, la vida no es más que esta existencia en la oscuridad, sin sentido ni propósito.

El segundo gemelo reflexionó un momento y dijo:

—Bueno, yo no sé exactamente cómo será después del parto, pero estoy seguro de que veremos a mamá y ella nos cuidará.

—¿Mamá? —replicó el primero, incrédulo—. ¿Tú crees en mamá? ¿Y dónde se supone que está ella?

—¡Ella es todo a nuestro alrededor! —respondió el otro con convicción—. En ella vivimos. Sin ella, todo este mundo no existiría.

El primero, escéptico, replicó:

—¡No lo creo! Nunca he visto a mamá, así que es lógico pensar que no existe.

—Tal vez —contestó el segundo—, pero a veces,

cuando estamos en silencio, puedes oírla cantar o sentir cómo acaricia nuestro mundo. Sabes, yo creo que hay una vida real esperándonos y que ahora solo estamos preparándonos para ella…

La parábola de los dos gemelos es una metáfora poderosa que invita a reflexionar sobre la vida y lo que podría haber más allá de la muerte. Así como los gemelos no eran capaces de imaginar la vida después del parto, nosotros, en este mundo, no podemos comprender plenamente lo que nos espera después de nuestra existencia. Esta historia nos recuerda que hay misterios que no podemos ver, pero que quizá están más cerca de lo que creemos.

La ciencia ha demostrado que, tras la muerte clínica, existe una ventana de tiempo, que puede ir desde unos segundos hasta aproximadamente una hora, en la que los esfuerzos médicos pueden revertir el proceso de la muerte. Es un momento en el que la línea entre la vida y la muerte parece difuminarse, lo que nos lleva a cuestionarnos si realmente existe la muerte y qué tiene la ciencia que decir sobre este misterio.

La mayoría de los médicos atribuyen los testimonios de personas que han regresado de una muerte clínica a efectos de la medicación o a la hipoxia, la falta de oxígeno en la sangre, que supuestamente inducen visiones del túnel de luz o de encuentros con familiares fallecidos. Sin embargo, existen casos documentados de personas que no estaban medicadas en el momento de su experiencia, como yo. Además, ¿cómo explicar los relatos de niños menores de cuatro años, quienes, sin estar expuestos a ideas preconcebidas sobre la muerte, describen las mismas experiencias que los adultos?

Aquí surge una pregunta esencial: si la muerte es solo el final, ¿por qué estas experiencias son tan comunes y similares entre personas de diferentes culturas, edades y circunstancias?

La ciencia, sin duda, ha avanzado mucho en prolongar la vida, pero tiene un largo camino por recorrer en lo que respecta a prepararnos para morir de una manera más plena y consciente. La muerte sigue siendo uno de los grandes tabúes de nuestra sociedad, algo que tememos, evitamos y, en muchos casos, no queremos ni mencionar. Sin embargo, si la ciencia quiere realmente comprender la naturaleza de la vida, debe comenzar por dejar de ignorar el misterio de la muerte. La ciencia moderna aún no tiene todas las respuestas, y quizá nunca las tenga, pero eso no significa que deba desestimar lo que aún no puede medir o comprender.

A lo largo de la historia ha habido miles de casos documentados de «resurrecciones» inexplicables, presenciadas por médicos de todo el mundo. ¿Qué hacemos con estas historias? ¿Las descartamos por completo o las exploramos con la curiosidad que ha llevado a la ciencia a descubrir tanto sobre el universo? Tal vez, en lugar de desechar lo que no entendemos, deberíamos aprender a abrazar el misterio y aceptar que la muerte, como la vida, podría ser mucho más compleja de lo que creemos.

En última instancia, quizá la muerte no sea más que otra frontera que aún no estamos listos para comprender del todo. Pero eso no significa que no debamos intentarlo. La verdadera ciencia no descarta lo desconocido, lo investiga. Y tal vez un día, cuando hayamos aprendido lo suficiente, descubramos que lo que llamamos muerte es solo el comienzo de algo mucho más grande.

Tras mi experiencia cercana a la muerte, comenzó a suceder algo asombroso, casi mágico. La vida empezó a atraer hacia mí a personas con vivencias muy parecidas a la mía, y sigue haciéndolo. Es curioso cómo parecen reconocerse nuestros espíritus, igual que si hubieran estado en el mismo lugar. A veces, basta con una conversación o incluso un silencio compartido para descubrir que hemos experimentado un viaje semejante.

Quienes hemos vivido estas experiencias a menudo nos sentimos incomprendidos al contar lo ocurrido. A veces lo atribuyen a alucinaciones provocadas por medicación, o incluso se nos tacha de locos. Y, sin embargo, al igual que yo, muchos no estaban ni medicados ni bajo los efectos de drogas o medicación cuando todo sucedió.

En consecuencia, mucha gente se ve obligada a callar, a ocultar una experiencia que debería ser compartida para transmitir un mensaje de esperanza y entendimiento a la humanidad. El temor al juicio ajeno los lleva a guardar silencio sobre lo que vivieron, a enterrar lo que podría ser una fuente de consuelo para otros.

Por fortuna, cada vez más personas están perdiendo ese miedo. Hoy en día crece el número de individuos que se atreven a dar el paso y declarar que han vivido una experiencia cercana a la muerte en alguna de sus variantes. Y, al hacerlo, están ayudando a abrir el diálogo sobre un tema tan antiguo como la propia existencia: lo que sucede realmente cuando el cuerpo muere pero el espíritu sigue su viaje. Es un mensaje que necesitamos escuchar, un recordatorio de que hay algo más allá, y de que compartir esas experiencias nos une en nuestra humanidad.

En cuanto a los casos que he conocido personalmente, muchos son testimonios poderosos de experiencias vividas durante un coma o en un estado de muerte clínica. Otros sucedieron en cuestión de segundos, durante un accidente de tráfico o algún otro tipo de incidente. Lo sorprendente es que, sea cual sea la duración o las circunstancias, todos ellos comparten un hilo común: la liberación del alma y la desaparición del dolor al abandonar el cuerpo.

Salvo en algunos casos excepcionales, en los que las personas experimentaron angustia o desasosiego, la mayoría describe haber sentido un bienestar y una paz profundos que jamás habían conocido. Es un tipo de serenidad que va más allá de las palabras, una sensación que trasciende lo físico y que transforma para siempre la manera de entender la vida y la muerte.

Estos relatos, en su diversidad, nos revelan una verdad que muchos prefieren ignorar: que hay algo más allá, un misterio que la ciencia aún no puede explicar completamente.

No solo para mí, sino también para muchos profesionales de la ciencia y la medicina, existen evidencias de que la vida no termina con la muerte, aunque la ciencia aún no pueda demostrarlo. Algunas personas necesitan ver para creer. ¿Acaso esperarán hasta que la ciencia lo confirme? Yo nunca he visto morir un alma, solo cuerpos. Pero ¿significa eso que el alma no existe? Aquellos que hemos tenido una cita con la muerte vemos ese momento como otro nacimiento. Al fin y al cabo, cada día mueren y nacen millones de células en nuestro cuerpo. Biológicamente, morimos un poco y renacemos cada día.

El doctor Juan José López Martínez, cirujano especializado en medicina de emergencias y catástrofes, considera que las Experiencias Cercanas a la Muerte (ECM) se etiquetan como alucinaciones de manera superficial y errónea. Tras muchos años de servicio en Urgencias del Hospital Santa María del Rosell de Cartagena, fue el primer médico español al que se le permitió aplicar la terapia regresiva para tratar fobias y dolencias con gran éxito. A lo largo de su carrera, ha conocido a numerosos pacientes que experimentaron la muerte clínica.

Cuando se le pregunta sobre estos casos, el doctor López Martínez es categórico: «Lo impresionante es que todos, el cien por ciento, relatan lo mismo. De repente, comienzan a hablar de su cuerpo como algo externo diciendo: "Mi cuerpo está muerto, no respira", o "Aún respira, pero le queda muy poco". Les pregunto dónde están, y me responden que están por encima de su cuerpo o a un lado. Entonces, simplemente les invito a continuar su relato, y me cuentan que ven una luz maravillosa a lo lejos o que encuentran seres de indescriptible belleza que emiten una luminosidad asombrosa. Esto lo narran todos, independientemente de la religión, cultura o creencias. Incluso aquellos que no creen en nada describen la misma escena: ven su cuerpo desde fuera y una luz al fondo o a esos seres luminosos que vienen a recibirlos».

Lo que el doctor expone es profundamente revelador. Más allá de la ciencia convencional, hay un misterio que traspasa culturas y creencias, una experiencia compartida por aquellos que han cruzado el umbral de la muerte y regresado. Quizá, como señala López Martínez, lo inexplicable no es necesariamente irreal, y tal vez la ciencia aún tenga mucho que aprender sobre esa gran desconocida que llamamos muerte.

Creo firmemente que el método científico no debe estar en conflicto con la espiritualidad. Ambos pueden y deben complementarse. La misma visión científica que rechaza las experiencias cercanas a la muerte es la que, en su momento, no pudo ofrecer una explicación de mi recuperación asombrosa. Los límites del conocimiento no deben convertirse en barreras para lo desconocido. La ciencia es, por definición, un campo de exploración constante, y negarse a considerar lo que no se puede medir o ver sería un error.

Para muchos científicos, la conciencia no puede existir sin el cerebro. Desde su perspectiva, cuando el cerebro deja de funcionar, el ser humano deja de ser consciente y, sin mente, la vida es imposible. En parte, esto es cierto en cuanto a la vida tal y como la conocemos en este plano físico. Sin embargo, no entiendo cómo se puede negar la existencia de algo simplemente porque aún no se dispone de pruebas concluyentes. A lo largo de la historia, la ciencia ha evolucionado gracias a mentes curiosas que no aceptaron los límites de lo que veían. ¿Cómo podemos descartar sin más lo que no vemos o lo que aún no hemos logrado medir?

Es aquí donde la filosofía entra en juego de manera crucial. La ciencia se apoya en el conocimiento empírico, pero la filosofía nos invita a cuestionar la naturaleza de ese conocimiento. Nos empuja a preguntarnos por qué y cómo llegamos a las conclusiones que damos por sentadas. La ciencia, sin la filosofía, corre el riesgo de volverse rígida, de encerrarse en su propio marco sin aceptar que podría haber algo más allá de lo tangible. La filosofía, por otro lado, puede ayudarnos a plantear nuevas formas de entender el mundo y de abrir la mente a la posibilidad de lo espiritual.

A lo largo de la historia, la ciencia ha sido testigo de la evolución del pensamiento humano. A muchos científicos visionarios se los consideró locos en su tiempo. Algunos murieron sin reconocimiento; otros terminaron marginados por una sociedad incapaz de comprender sus ideas. Un ejemplo icónico es el de

Galileo Galilei. Su convicción inquebrantable de que el Sol, y no la Tierra, era el centro del sistema planetario le valió ser acusado de herejía por la Iglesia. Hoy sabemos que tenía razón, pero en su época su teoría se vio como una amenaza al orden establecido.

Esta lección histórica nos recuerda que la ciencia también necesita de humildad. No siempre tenemos todas las respuestas, y lo que hoy consideramos imposible, mañana podría ser un hecho irrefutable. Negar la posibilidad de que exista una conciencia que trascienda el cuerpo físico simplemente porque aún no dispongamos de las herramientas para probarlo sería un error similar al de quienes rechazaron la idea de Galileo. La ciencia debe caminar de la mano de la filosofía, plantearse preguntas más allá de lo evidente, y tener la mente abierta a las posibilidades que pueda revelar el futuro.

Consideremos la conexión entre mente y cuerpo. La neurociencia nos ha enseñado mucho sobre el funcionamiento del cerebro, pero ¿qué hay de la conciencia? ¿Realmente es solo el producto de impulsos eléctricos y conexiones neuronales, o es algo más? La filosofía lleva siglos preguntándose por la naturaleza del alma, del yo que experimenta la vida. Si ambas disciplinas unieran fuerzas, tal vez estaríamos más cerca de entender ese misterio.

La labor de la ciencia en este campo es vital. Aunque hoy no pueda demostrar la existencia de un cuerpo inmaterial que sobreviva al físico, eso no significa que no exista. Tener la mente abierta a esta posibilidad y explorar sin prejuicios lo que está más allá de la muerte podría ser un gran paso para la humanidad. Supondría la apertura de un nuevo horizonte, donde lo espiritual y lo científico convergerían en una búsqueda común: comprender no solo la vida, sino también la trascendencia más allá de ella.

El gran desafío que tenemos ante nosotros es no repetir los errores del pasado, no descartar lo que aún no podemos explicar. Como hizo Galileo, debemos seguir mirando más allá, con la esperanza de que algún día lo que hoy es un misterio sea comprendido. Y ese día, tal vez, la ciencia, la espiritualidad y la filosofía se encontrarán en un mismo camino, trabajando juntas para desvelar los grandes secretos de la existencia.

Me gustaría hacer referencia a uno de los estudios más importantes y reveladores sobre las experiencias cercanas a la muerte: la investigación AWARE. Iniciada en 2008 por un equipo de científicos de la Universidad de Southampton, en el Reino Unido, este proyecto fue el primer estudio que analizó a gran escala las experiencias de pacientes que habían sufrido una muerte clínica tras un paro cardiaco. El estudio abarcó a 2.060 personas que biológicamente mostraron todos los signos de la muerte, pero lograron sobrevivir. La investigación se realizó en quince hospitales repartidos por el Reino Unido, Norteamérica y Europa, y utilizó tecnología avanzada para analizar el cerebro y la conciencia durante los momentos en que el corazón y los pulmones se detuvieron.

Lo que hace que esta investigación sea tan fascinante es que, gracias a las mejoras en las técnicas de reanimación cardiaca, ha aumentado el número de testimonios sobre experiencias cercanas a la muerte (ECM). El estudio AWARE descubrió que la conciencia puede persistir hasta tres minutos después de que el corazón deje de latir, a pesar de que, según los conocimientos médicos, el cerebro debería dejar de funcionar veinte o treinta segundos después del paro cardiaco.

Uno de los hallazgos más sorprendentes fue que los pacientes que vivieron experiencias extracorpóreas —sensaciones de flotar fuera de su cuerpo— no solo relataron este fenómeno, sino que, en algunos casos, lo que describieron coincidía con hechos reales que ocurrieron mientras estaban técnicamente muertos. Esto abre un nuevo horizonte en nuestra comprensión de la conciencia humana.

Sin embargo, los investigadores también señalaron que muchos de estos pacientes no recuerdan nada de lo sucedido tras su resucitación, probablemente debido a daños en los circuitos de la memoria, lesiones cerebrales o el efecto de la sedación. Aun así, el equipo concluyó que los términos científicos actuales —como experiencias cercanas a la muerte o experiencias extracorpóreas— podrían ser insuficientes para describir lo que realmente experimentan las personas en ese umbral entre la vida y la muerte.

Lo más revelador de todo es la conclusión del doctor Sam Parnia, autor principal de la investigación: «La muerte no es un momento específico, sino un proceso potencialmente reversible que ocurre cuando el corazón, los pulmones y el cerebro dejan de funcionar». Parnia, profesor asistente de medicina de cuidados críticos en la Universidad Estatal de Nueva York y director del proyecto Resurrección, ha dedicado su carrera a investigar estos fenómenos y afirma que ya existen casos documentados de personas que han vuelto a la vida horas después de haber sido declaradas clínicamente muertas.

El doctor Parnia también señala que, aunque muchas personas creen que un ataque cardiaco es sinónimo de muerte definitiva, en realidad no siempre es el último umbral. Hay un espacio, un proceso, donde la muerte se puede revertir, y donde la conciencia parece continuar.

Los relatos de las personas que han superado la muerte clínica —descripciones de abandonar el cuerpo, levitar, experimentar miedo extremo o una serenidad total, ver una luz brillante o encontrarse con seres identificados como Dios, ángeles o familiares fallecidos— han dado a la experiencia de morir un nuevo significado espiritual, incluso paranormal. El estudio AWARE, sin embargo, pretende proporcionar una explicación científica a estas vivencias, sin ignorar la posibilidad de que hay mucho más por descubrir sobre la naturaleza de la vida, la muerte y la conciencia humana.

Este estudio no solo nos invita a replantearnos nuestra visión de la muerte, sino también a aceptar que la ciencia todavía tiene un largo camino por recorrer antes de entender plenamente lo que sucede cuando el corazón se detiene. Y quizá, solo quizá, lo que llamamos «el final» no sea más que una puerta hacia algo que aún no comprendemos del todo.

El hecho de que hoy en día no entendamos por completo las experiencias sobrenaturales relacionadas con la muerte no significa que no existan. La ciencia, al igual que el pensamiento humano, está en constante evolución, y lo que ahora parece inexplicable, algún día tendrá respuestas. La clave está en no encorsetarnos en una sola visión de la realidad. El ser humano no es solo materia; también somos espíritu, una combinación de lo tangible y lo intangible que la ciencia tarde o temprano deberá contemplar con seriedad.

Creo firmemente que el futuro del conocimiento

está en la convergencia entre ciencia y espiritualidad. Las respuestas que buscamos sobre la vida, la muerte y lo que hay más allá no vendrán solo de una disciplina, sino de una comprensión más profunda de lo que significa ser humano. Cada vez más médicos y científicos están empezando a aceptar la posibilidad de que la vida no termine con la muerte o, al menos, de que la muerte no sea un final absoluto, sino el cierre del ciclo biológico de nuestro cuerpo físico en este plano de existencia.

Si miramos atrás, la historia de la humanidad está llena de ejemplos de cómo lo que una vez se consideró imposible con el tiempo llegó a ser una verdad irrefutable. Hoy nos encontramos en ese punto con respecto a la muerte. Lo que llamamos «muerte» podría no ser más que una transición hacia una nueva forma de existencia, algo que la ciencia aún no puede medir, pero que muchos ya han sentido en sus experiencias cercanas a la muerte.

La muerte, en realidad, no es más que una puerta, y aunque aún no podamos ver lo que hay del otro lado con absoluta claridad, la evidencia acumulada a lo largo de los siglos y, más recientemente, gracias a estudios como AWARE, nos sugiere que existe algo más allá del colapso biológico. Somos materia, sí, pero también esencia, energía, conciencia. Y es en ese espacio, entre lo que podemos medir y lo que no, donde la ciencia deberá abrir la mente para aceptar que hay realidades que escapan a nuestros instrumentos actuales.

Me gustaría hacer una mención especial al Dr. Manuel Sans Segarra, cirujano de renombre y pionero en la investigación de la supraconciencia. En los últimos años ha dedicado su carrera a profundizar en el estudio de la supraconciencia y las experiencias cercanas a la muerte (ECM). A pesar de su sólida formación científica, el Dr. Sans Segarra llegó a la conclusión de que el método científico tradicional no era suficiente para explicar por completo estos fenómenos tan complejos. Fue en la física teórica donde encontró un marco conceptual que le permitió entender mejor algunas de las experiencias narradas por personas que han vivido ECM.

La supraconciencia, concepto que va más allá de la mente y el cuerpo físico, lleva siglos intrigando a la humanidad. Entender la conciencia como algo que persiste más allá de nuestra experiencia física abre puertas a preguntas profundas sobre la naturaleza de la realidad y el propósito último de la vida.

Recomiendo encarecidamente su obra *La Supraconciencia existe: Vida después de la vida*, escrita junto con el periodista Juan Carlos Cebrián. En este libro, el Dr. Sans Segarra dedica un capítulo a mi experiencia cercana a la muerte, explorándola desde una perspectiva científica y espiritual. A través de casos documentados y el apoyo de la física cuántica, la obra ofrece una nueva comprensión de la conciencia y la vida después de la muerte. Es un libro transformador que no solo desafía las creencias tradicionales, sino que también sirve de guía para reflexionar sobre la vida y superar nuestros miedos más profundos.

Tengo la convicción de que apenas ha comenzado el viaje hacia la comprensión plena de la muerte y de lo que significa. El ser humano tendrá más respuestas, que surgirán de la unión entre ciencia y espiritualidad. Porque para entender la muerte, debemos primero comprender lo que significa estar vivo no solo desde una perspectiva biológica, sino también desde el punto de vista del alma, del ser interior que trasciende lo físico.

La verdadera trascendencia vendrá cuando aceptemos que somos más que el cuerpo y que la muerte es solo el final de un capítulo, no de la historia completa. Y cuando llegue ese día, la humanidad podrá mirar al misterio de la muerte con nuevos ojos, no como algo que temer, sino como una parte natural de nuestro viaje. El futuro está en la capacidad de unir lo que antes parecía irreconciliable, de aceptar que la ciencia puede abrazar lo espiritual, y que ambas disciplinas juntas pueden darnos las respuestas que llevamos buscando desde el principio de los tiempos.

18

Estoy viva

Porque no pude detenerme ante la muerte,
ella amablemente se detuvo ante mí;
El carruaje nos albergaba solo a nosotras
y la inmortalidad.

Emily Dickinson

El tiempo que tenía para regresar a mi cuerpo se agotaba. Era un conocimiento visceral, casi ancestral, que me decía que con cada segundo que pasaba, mi oportunidad de volver al plano material se hacía más lejana.

Los seres de luz me condujeron hacia un pasillo estrecho e invisible. No era algo que pudiera percibir con los sentidos humanos. Lo sentía con una certeza que trascendía lo físico. Era como si el mismo universo se plegara a mi alrededor, mostrándome un sendero que solo mi conciencia podía seguir. No caminaba; me deslizaba, suspendida en una dimensión donde la materia no tenía cabida. El aire se volvía cada vez más denso a medida que me acercaba a ese umbral. Aunque era invisible, lo sentía con una claridad inquietante, como si mi ser hubiese adquirido una percepción superior, una comprensión que iba más allá de los límites humanos.

A lo lejos el pasillo se estrechaba, y ante mí se abría una rampa elevada, flotando a unos dos metros sobre el suelo de la dimensión terrenal. Era la frontera entre los dos mundos. A mi espalda, las siluetas etéreas de mis guías brillaban con una luz que no pertenecía a este mundo. La otra vida, deslumbrante y serena, quedaba atrás y, con cada paso que daba hacia la rampa, el regreso se volvía más real.

¿Y si no lograba volver a tiempo?

Mientras avanzaba, comprendí que el final del pasillo no era solo una salida; era el punto de no retorno, la última oportunidad para regresar a mi cuerpo. La realidad terrenal me esperaba al final, cubierta por un velo sombrío que contrastaba con la luz que me envolvía.

Me detuve un instante y, en ese fragmento de eternidad, sentí que el universo mismo contenía el aliento. Todo lo que había vivido hasta entonces se concentraba en ese momento, y entonces supe que siempre llevaría conmigo la luz de aquel lugar.

Una atmósfera dulce y etérea, luminosa y cálida, envolvía mi ser como un abrazo de despedida, como si el aire del otro lado quisiera darme una última caricia antes de partir. Sentí una melancolía profunda mientras me alejaba de los seres de luz que me habían acompañado con tanta ternura incondicional. El lazo que habíamos creado trascendía cualquier conexión terrenal que hubiera conocido, un vínculo espiritual que, en lo más profundo, sabía que nunca se rompería.

Mi guía, ese ser luminoso que había sido mi fiel compañero a lo largo de la travesía, se detuvo frente a mí. Nuestros espíritus se comprendían más allá del lenguaje, como si nuestras almas hubieran estado conectadas desde el principio de los tiempos. Mientras me miraba, en sus ojos se dibujaba la promesa de un reencuentro en un lugar más allá del tiempo y el espacio. En ese momento comprendí que ese no era un adiós definitivo, sino una pausa en nuestro viaje compartido. El universo nos uniría de nuevo en otra forma, en otro lugar.

Su luz se desvanecía lentamente, pero el calor de su abrazo espiritual seguía presente en mí, una fuerza silenciosa que me impulsaría a seguir adelante. Sabía que, aunque volviera al mundo terrenal, su guía nunca me abandonaría. Me despedí con una mezcla de tristeza y gratitud, sabiendo que nuestra conexión trascendería cualquier frontera entre lo humano y lo divino.

—Todo estará bien, no te preocupes. No estarás sola. Nunca lo has estado y nunca lo estarás.

Su voz no era un sonido cualquiera. Era una vibración poderosa que calmaba cualquier resquicio de miedo, que disipaba cualquier duda. Cuando me miró por última vez, vi en sus ojos todo el amor del universo concentrado en una promesa silenciosa. En su mirada brillaba la certeza de que nos reencontraríamos.

—Cada cosa y cada persona encontrarán su lugar en el momento adecuado. No te preocupes por el futuro. Ten paciencia. El orden del universo se revelará a su debido tiempo.

Nuestros espíritus se entrelazaron en un abrazo eterno, una conexión invisible a los ojos pero indestructible. El amor que nos unía trascendía cualquier límite, incluso la muerte. Mientras la luz del otro lado comenzaba a desvanecerse, sentí que ese lazo sería mi fortaleza, el apoyo que necesitaría en cada paso que diera en el mundo al que estaba regresando.

Al llegar al final de la rampa vi mi cuerpo inerte. No tenía fuerzas suficientes para regresar al mundo físico. De repente me sentí completamente agotada. Sabía que debía hacerlo con urgencia, pero cada intento me debilitaba aún más. Yo estaba en el suelo.

Miré hacia arriba y allí estaba mi cuerpo, sin vida sobre una camilla, rodeado de figuras borrosas que más tarde supe que eran los sanitarios de la ambulancia intentando reanimarme.

Luché con todo mi ser por volver a mi cuerpo, pero la distancia que me separaba de él parecía infinita, y mi espíritu carecía de fuerza para elevarse. Me sentía atrapada en un limbo, como encadenada a una prisión invisible, mientras la propia muerte me retenía. Pero algo en lo más profundo de mí, tal vez una chispa de vida que se negaba a extinguirse, me empujaba a seguir adelante.

Con un último esfuerzo, comencé a arrastrarme lentamente hacia la camilla. Cada movimiento era un grito mudo de desesperación. Sentía que el peso sobre mi ser aumentaba con cada centímetro recorrido hasta que creí que desfallecería, que no lo lograría. Sin embargo, algo más profundo, más primitivo, me impulsó a continuar. Cuando por fin llegué junto a la camilla, ascendí y, con un esfuerzo monumental, logré regresar a mi cuerpo.

Entré en él de golpe. Lo recuerdo como algo traumático. Sentí la lucha de cada célula por volver a acomodarse. Fue como sumergirme en un océano oscuro y luchar por salir a la superficie, querer respirar desesperadamente. El caos reinaba a mi alrededor. Las figuras de los sanitarios se movían frenéticamente, pero todo parecía irreal. Las voces, que al principio sonaban lejanas, comenzaron a hacerse más claras, aunque ininteligibles, como si el sonido viajara a través de un túnel interminable.

Intenté respirar, pero mis pulmones se negaban a funcionar. Las voces a mi alrededor se volvieron más nítidas hasta que oí decir a alguien: «Está muerta. No podemos hacer nada más». Grité varias veces que estaba viva, pero nadie me escuchaba.

Y entonces algo estalló bruscamente dentro de mí. Un dolor que me quemaba el pecho, pero que llevaba consigo la vida. Mi corazón, que había estado detenido en el tiempo, comenzó a latir de nuevo. Sentí las pulsaciones recorrer mis venas, el sonido de la vida retornando con pujanza. Quise llorar, pero no tenía fuerzas.

Una mujer se acercó a mí sollozando. Esa vez sus lágrimas eran de felicidad. Me tomó las manos con ternura. Le temblaban los dedos ligeramente y, con voz entrecortada, me susurró:

—Bienvenida, amor. Quédate conmigo, quédate junto a mí.

Con los ojos entreabiertos vislumbré su rostro. Era la misma joven enfermera que había estado conmigo justo antes de partir, pero algo en ella había cambiado profundamente. Su piel morena, antes llena de vitalidad, había perdido su brillo natural. Su rostro mostraba una fatiga que antes no había estado allí, como si los años hubieran pasado de golpe por ella. Yo estaba desconcertada. ¿Cuánto tiempo había transcurrido desde que me había ido?

Mi mente, aún confusa, intentaba procesar la magnitud de lo que acababa de vivir. Sentía una mezcla de agotamiento y de una nueva fuerza que no podía explicar. Algo en mí había cambiado para siempre.

Y entonces el cansancio me venció, como si todo el peso del universo se hubiera deslizado sobre mis hombros en un instante. Me sumergí en un sueño profundo, en ese limbo donde el tiempo y el espacio se desdibujan, donde todo lo vivido parece un susurro lejano. Sabía que cuando regresara, no solo llevaría conmigo el dolor físico de este mundo, sino algo mucho más grande: una nueva comprensión, un conocimiento que solo puede obtenerse al rozar las fronteras de la muerte.

En aquel momento en que me envolvía la oscuridad del sueño y me zumbaba en los oídos el sonido lejano de la ambulancia, supe que algo profundo estaba ocurriendo. Mientras trasladaban al hospital mi cuerpo, aún frágil y vulnerable, yo sentía una energía diferente dentro de mí. No era solo el final de una lucha, sino el comienzo de algo mucho más grande. El verdadero viaje, el que definiría mi existencia, apenas estaba comenzando.

19

Gracias a la vida

> Hay que esperar lo inesperado y aceptar lo inaceptable. ¿Qué es la muerte? Si todavía no sabemos lo que es la vida, ¿cómo puede inquietarnos conocer la esencia de la muerte?
>
> Confucio

Hay una enseñanza budista muy ilustrativa para comenzar este capítulo. Un monje tenía siempre una taza de té al lado de su cama. Por la noche, antes de acostarse, la ponía boca abajo y, por la mañana, le daba la vuelta. Cuando un novicio le preguntó perplejo acerca de esa costumbre, el monje explicó que cada noche vaciaba simbólicamente la taza de la vida como signo de aceptación de su propia mortalidad. El ritual le recordaba que aquel día había hecho cuanto debía y que, por tanto, estaba preparado en el caso de que lo sorprendiera la muerte. Y cada mañana ponía la taza boca arriba para aceptar el obsequio de un nuevo día.

El monje vivía la vida día a día, reconociendo que cada amanecer constituía un regalo maravilloso, pero también estaba preparado para abandonar este mundo al final de cada jornada.

Tal vez no pueda demostrarte que hay vida después de la muerte, pero te diré algo que es una certeza absoluta: hay vida antes de la muerte. Sin embargo, estar vivo no es lo mismo que vivir. La vida no vivida es una enfermedad silenciosa a causa de la cual podemos morir lentamente sin siquiera darnos cuenta. Y te diré algo más, un secreto que pocos se atreven a afrontar: ¿sabes cuál es el verdadero antídoto para no temerle a la muerte? No temerle a la vida.

Vivir es una experiencia fascinante llena de desafíos, descubrimientos y pequeños milagros que suceden cada día. La clave para desarrollar todas nuestras posibilidades no está en la cantidad de tiempo que tenemos, sino en cómo lo percibimos. El tiempo no es una amenaza, es un regalo. Y es una lástima que tantas personas se conformen con malvivir, atrapadas en una rutina que, aunque cómoda, nada tiene que ver con una vida feliz. Prefieren caminar sin arriesgarse nunca. Pero yo he aprendido a salirme del camino, a explorar los senderos ocultos, a subir hasta la cima de una montaña y dejar que el cielo me regale paisajes mágicos que otros nunca verán.

Siempre quise ser astronauta, explorar lo desconocido, descubrir nuevos horizontes. Y aunque nunca pisé una nave espacial, hoy siento que, de alguna manera, ya lo soy. He aprendido a ver el mundo desde arriba, a observar mi vida y la de los demás con una perspectiva diferente. Es la mirada de alguien que ha conocido la fragilidad de la existencia y ha decidido aprovechar cada segundo como si fuera el último.

Mi vida ha sido una búsqueda constante: de seguridad, de paz interior, de felicidad…, pero sobre todo de mí misma. Desde que era apenas una adolescente sentía un anhelo profundo, una especie de vacío que no sabía cómo llenar. Quizá era una premonición, una señal de lo que estaba por venir. Tal vez era el destino llamándome desde lejos, pidiéndome que no me conformara con lo superficial, que buscase algo más.

Hoy, después de tantos años de lucha, de preguntas sin respuesta, puedo decir que he encontrado algo valioso: el regalo de cada día. Disfruto de los pequeños milagros que trae la vida, y he encontrado ese camino que siempre estuve buscando: el que me conduce a la paz interior y a la certeza de que mi vida tiene un propósito. Y ese propósito, como he descubierto, no es solo para mí. Mi misión es ayudar a otros a ver lo que yo he visto, a sentir lo que he sentido, a vivir de verdad, sin miedo.

El gran secreto de la vida no está en la cantidad de años que vivimos, sino en cómo elegimos vivir cada uno de esos días. La vida es demasiado breve para vivirla con temor o resignación. Hoy elijo vivir sin miedo, sin reservas, sabiendo que cada segundo que me es dado es una oportunidad para crecer, para amar y para ser libre. Porque, al final, lo único que importa no es si hay vida después de la muerte, sino si realmente hemos vivido antes de morir.

Ha sido un camino largo, lleno de tropiezos, incertidumbres y momentos de profunda duda, pero cada paso que he dado tras mi experiencia cercana a la muerte ha valido la pena. Hoy puedo decir con convicción que me alegra haber cambiado, haber abierto mi mente y mi corazón. Hubo un tiempo en que mi visión del mundo era estrecha, limitada por la necesidad de que todo tuviera una explicación concreta, de creer solo en aquello que pudiese ser demostrado. Rechazaba cualquier cosa que no estuviera sustentada por pruebas tangibles. Tuve que morir para comprender lo equivocada que estaba.

La muerte me ofreció una perspectiva que jamás habría imaginado. Comencé a preguntarme: si algo no puede demostrarse, ¿significa que no existe? Carl

Sagan dijo: «La ausencia de prueba no es prueba de ausencia». Pensar así me abrió la puerta a una nueva manera de entender la vida, y esa apertura me ha permitido aceptar y entender muchas cosas que antes me parecían inadmisibles. Hoy me acepto tal como soy, lo que ha constituido el primer paso hacia una libertad verdadera. Esa aceptación es la llave mágica que abre la mente y el corazón a los misterios que el universo nos regala cada día.

La vida, en muchos sentidos, es como un acertijo, y siempre me han gustado las adivinanzas. Ahora me veo a mí misma como una exploradora de mi propio ser, de mis emociones, de mis miedos y de mis sueños. A veces, cuando camino por la calle, me dan ganas de detener a alguien y preguntarle: ¿Cuándo fue la última vez que estuviste a solas contigo mismo? ¿Cuándo disfrutaste realmente de tu propia compañía, en silencio, sin distracciones? Nos perdemos con demasiada facilidad en la vorágine de la vida, en las prisas y las distracciones constantes, olvidando lo extraordinario que es simplemente estar vivos, respirar, sentir, existir en el presente.

Vivimos en una época en la que es fácil evadirnos y anestesiarnos para no sentir. Hay una sobrecarga de estímulos que nos alejan de lo esencial. Me encantan las nuevas tecnologías, creo que son una herramienta maravillosa, pero cuando veo a las personas pegadas a sus teléfonos todo el día, me pregunto si se han olvidado de lo que realmente importa.

La vida no ocurre en las notificaciones de las redes sociales. La vida está aquí, ahora, en cada respiración, en cada mirada compartida, en cada sonrisa que se ofrece y se recibe. La muerte me enseñó una lección de valor incalculable: el tiempo que tenemos no es infinito, y cada momento que dejamos pasar, distraídos, es un momento que nunca volverá.

De alguna manera, morir me enseñó a vivir. A disfrutar de mi propia compañía, a abrazar el presente sin miedo, a comprender que no hay garantías y que el verdadero milagro es este instante, aquí, ahora. Vivir plenamente no significa acumular logros o experiencias impresionantes, sino estar presente, sentir cada segundo y amar lo que se tiene mientras se tiene.

Cada día es un regalo, un misterio, y yo estoy aquí para desentrañarlo y disfrutarlo. Porque la verdadera aventura no está en lo que tenemos, sino en cómo vivimos. Y aunque no podamos explicar todo lo que sucede a nuestro alrededor, hay una verdad que es innegable: la vida es un milagro en sí misma, y vivirla con los ojos y el corazón abiertos es la única manera de no desperdiciarla.

Disfruto simplemente por el hecho de estar viva. He aprendido a valorar el acto de proteger mi mente, evitando el exceso de «infoxicación». No significa que no quiera estar informada, sino que he encontrado el equilibrio, un espacio donde decido conscientemente en qué enfocar mi atención y mi energía. Cada vez que lo hago, siento una profunda sensación de bienestar. Vivir en paz no es aislarse del mundo, sino ser selectivo con lo que dejamos entrar en nuestro espacio interior.

¿Te has preguntado alguna vez por qué estamos en este planeta? Estamos aquí para evolucionar, para expandir nuestra conciencia y, sobre todo, para amar. ¿Y para qué sirve el amor? Para ser felices. Es la lección más profunda que aprendí durante mi experiencia en el otro lado. El amor no es solo un sentimiento pasajero, es el propósito de la vida misma. Es la conexión más profunda que podemos establecer con los demás y con nosotros mismos. Es el sentido último de todo lo que hacemos, el motor invisible que impulsa nuestro ser.

He estado en los lugares más oscuros. He sentido el sufrimiento en su forma más pura. Estuve en el infierno y logré salir de él. El verdadero sentido de la vida no está en la lucha ni en el sufrimiento, sino en la capacidad de conectar, de amar, de ser felices al dar y recibir amor. Estamos aquí para explorar los misterios del mundo y del cosmos, para sumergirnos en las profundidades de nuestro ser, y para escribir nuestra propia historia, una historia que esté llena de belleza, de sentido y de amor.

El psiquiatra Viktor Frankl, quien sobrevivió a los horrores indecibles de los campos de concentración, dijo que lo que suceda después de una experiencia traumática depende de nosotros. Podemos elegir levantarnos de nuevo o rendirnos. El ave fénix renace de sus cenizas, y nosotros también podemos hacerlo. Podemos levantarnos más fuertes, más sabios, con una nueva visión de lo que realmente importa.

El amor es el eje central de todo lo que somos y hacemos. Y, al final, lo que da sentido a nuestras vidas no es lo que acumulamos o lo que logramos, sino cómo amamos. Porque en ese amor, en esa conexión sincera, encontramos la felicidad y la razón de existir. Esa es la verdad que descubrí al cruzar el umbral de la muerte: que al final del camino, lo único que realmente importa es cuánto amor fuimos capaces de dar y recibir.

Recuerda siempre esto: hay vida antes de la muerte. Los «hubiera» no sirven de nada. Lo que pasó ya es historia. El presente es lo único que realmente importa, porque lo que hagas hoy será lo que cree tu futuro. Si tomas decisiones desde el amor, cuidas tu cuerpo y tus emociones, y vives con gratitud, tu futuro se convertirá en una manifestación de esa energía positiva que siembras hoy.

¿Cómo no temer a la muerte? La respuesta está en no temer a la vida. Encuentra inspiración en cada acto, en cada gesto cotidiano. La inspiración no es un don reservado a los artistas, sino una chispa que todos llevamos dentro, una fuerza interior que nos impulsa a actuar de formas que ni siquiera imaginábamos. Las musas se esconden en los pequeños detalles de la vida: la risa inocente de un niño, el brillo cálido de un atardecer, el simple sonido de tu propia respiración. Todo puede convertirse en una fuente de inspiración si eliges verlo abriendo los ojos a la maravilla.

Tú eres la persona más importante de tu vida. Dedica tiempo a conocerte, a disfrutar de tu propia compañía. Porque cuando aprendes a conocerte, cuando disfrutas de la vida con plenitud, te conviertes en una fuente de amor y energía para quienes te rodean. El ciclo de la inercia se rompe cuando decides pasar a la acción, cuando te comprometes a vivir de verdad.

Afronta los malos momentos con optimismo y valentía. La vida no es una línea recta; hay subidas y bajadas, curvas inesperadas, pero cada una trae consigo una lección. No necesitas ser perfecto, porque a quienes te aman no les importa que no lo seas, te aceptan tal como eres; ellos solo quieren estar a tu lado.

Lo que puedes ser, debes ser.

Al final del camino, cuando todo se desvanece y solo queda lo esencial, te darás cuenta de que el paisaje más hermoso no es un lugar, sino las personas que amas. Son ellas las que llenan de luz y sentido cada paso que has dado. En este viaje llamado vida, son tu verdadero tesoro, el ancla que te mantiene firme cuando todo a tu alrededor cambia.

Y cuando levantes la vista al cielo, no lo hagas solo buscando respuestas. Hazlo con la convicción de que aquello que buscas en las estrellas está esperando a que lo descubras. El universo es infinito y misterioso, pero, en su inmensidad, hay una conexión que te une a tus sueños y a lo que está destinado a encontrarte. Porque al final, la vida no es solo lo que ves, sino lo que sientes, lo que amas y lo que te espera más allá de lo visible.

Este no es el final, sino el inicio de una nueva comprensión. Mantén los ojos y el corazón abiertos, porque el viaje aún continúa, y lo que buscas en el universo también te está buscando a ti.

20

El camino silencioso

> Cuando la muerte se precipita sobre el hombre, la parte mortal se extingue; pero el principio inmortal se retira y se aleja sano y salvo.
>
> Platón

Tal y como te dije al principio de este libro, te voy a contar mi segundo contacto con mi guía.

Hoy quiero llevarte conmigo en ese recorrido, revelarte lo que vi, lo que aprendí y, sobre todo, lo que mi guía me transmitió en ese segundo encuentro.

Esa noche, mientras dormía profundamente, comenzó un viaje que, aunque se presentaba como un sueño, parecía más real que cualquier otro. Yo estaba consciente de cada detalle: la calidez de la luz blanca que me rodeaba, la paz indescriptible que impregnaba el ambiente y la sensación de estar en otro plano, lejos del mundo físico. Me encontraba en una sala blanca con paredes resplandecientes, y me envolvía de nuevo una pureza que solo había sentido durante mi experiencia cercana a la muerte.

Frente a mí se materializó mi guía con la misma apariencia que la primera vez que lo vi: vestido de blanco, con el cabello rubio ondulado y unos ojos verdes llenos de una sabiduría insondable. Sabía que estaba a punto de vivir algo significativo, y su presencia me llenaba de confianza. Junto a él vi el ascensor —el mismo que había tomado cuando estuve al otro lado— invitándome a subir. Sin necesidad de palabras, mi guía me indicó que debía entrar. Como en el otro lado, él no subiría conmigo. Me esperaría fuera, observando, asegurándose de que todo ocurriera como debía ser.

El ascensor, silencioso, comenzó a moverse. Mientras ascendía, yo sentía que atravesaba realidades, que dejaba atrás la lógica terrenal y entraba en un espacio donde el tiempo y el espacio no tenían el mismo significado. Las paredes del ascensor vibraban levemente proyectando destellos de luz, fragmentos de lo que parecían ser el pasado y el futuro mezclándose.

Cuando se abrieron las puertas, me encontré en un lugar inesperado: un parque lleno de niños jugando, con el sol brillando alto en el cielo. Miré hacia abajo y noté una pequeña mano entrelazada con la mía. Al girar la cabeza, vi a Laura. Pero no era la Laura adulta que conocía, sino una versión mucho más joven, una niña despreocupada, llena de vida. Caminábamos juntas, sus pequeños dedos aferrados a los míos, y el tiempo parecía desvanecerse a nuestro alrededor.

De repente el suelo que pisábamos comenzó a vibrar y desmoronarse como si el tiempo mismo se hubiera fracturado. El paisaje cambió, y pasamos a estar en una calle estrecha. Laura, todavía niña, corrió hacia delante y en un instante vi el peligro: un coche avanzaba rápidamente hacia ella. Podía ver cada detalle con una claridad sobrecogedora: el rostro del conductor, su desesperación por frenar, la mirada de terror en los ojos de Laura, y el alivio cuando el coche se detuvo a centímetros de ella.

Mi corazón latía con fuerza, como si hubiera estado viviendo ese momento en primera persona. Las escenas de la infancia de Laura continuaron desfilando ante mis ojos: la vi con su familia, sus padres jóvenes; las prendas que llevaban y cada detalle eran vívidos, reales. Más tarde, cuando les conté a Laura y a su familia lo que había presenciado, ellos confirmaron cada detalle, incluso el incidente del coche que casi atropella a la Laura niña, que nunca antes había salido en la conversación.

Laura me miró sonriente una última vez antes de desaparecer en la bruma que envolvía todo a nuestro alrededor. El ascensor volvió a abrir sus puertas, invitándome a continuar.

Esa vez me llevó a un lugar completamente diferente. Me encontré en una casa antigua con grandes ventanas que daban a un paisaje verde, vibrante. El olor a hierba mojada estaba muy presente; parecía que la tierra acabara de despertar tras la lluvia. No conocía la casa, pero algo en ella me resultaba familiar, como si formara parte de una historia que aún no había descubierto. Mi guía caminó en silencio a mi lado, llevándome hasta una sala apartada donde el aire se volvía más denso, cargado de historia.

En esa sala había un mueble antiguo, cerrado con llave. Sin decir palabra, mi guía me entregó una pequeña llave dorada. Yo sentí en el estómago un nudo de anticipación, como si lo que estaba a punto de descubrir fuese a cambiar algo en mí para siempre. Con manos temblorosas, abrí el mueble, y allí estaba: un cuaderno marrón, desgastado, atado con elásticos. Al abrirlo, reconocí la caligrafía al instante. Era de mi padre.

Dentro encontré escritos que nunca antes había visto: ensayos sobre el medio ambiente, piezas de teatro, reflexiones filosóficas... Sentí una conexión profunda con mi padre, como si a través de esos textos estuviera hablándome desde el otro lado, revelándome partes de su vida que nunca había conocido.

Cuando desperté, le conté a mi madre lo que había visto. Su rostro se iluminó al recordar la casa de la infancia de mi padre. Fuimos a visitarla y, en una vieja buhardilla, forzamos la cerradura de un mueble que llevaba años cerrado. Y allí, tal como había visto, estaban los escritos de mi padre, esperando a que los encontrara.

Pero mi viaje no había terminado. De repente, sin previo aviso, mi guía me llevó volando a otro destino. Nos detuvimos frente a una residencia para enfermos mentales. Al entrar sentí una energía densa, caótica, como si las paredes estuvieran impregnadas del dolor de quienes vivían allí. Mi guía me condujo hasta una habitación pequeña, donde un hombre me esperaba. Era el tío de un amigo, ingresado en ese lugar debido a su esquizofrenia.

El hombre me miró con alivio, como si hubiera estado esperando mi llegada.

—Gracias a Dios, has venido —me dijo—. Necesito que les digas la verdad.

Me mostró una escena de su pasado: en su casa lo vi revolviendo desesperadamente en un mueble junto a su cama. Estaba angustiado, lleno de dolor, buscando alguna forma de alivio. Tomó unas pastillas para intentar dormir, pero el descanso no llegaba. Se subió a un pequeño taburete, alcanzó un estante alto y sacó más pastillas, escondidas bajo unas toallas. Tomó algunas más en su desesperación, pero no quería morir. Solo quería dormir, quería paz. Me explicó que su familia había creído que había intentado suicidarse, algo que le dolía profundamente, porque nunca había tenido esa intención.

—Nunca quise morir —me confesó—. Solo estaba cansado.

Supe entonces que mi tarea era llevar ese mensaje a su familia. Cuando lo hice, entendieron que no había sido un suicidio, sino un acto desesperado por encontrar paz. Al escucharme, encontraron consuelo en la verdad, y el peso que habían cargado durante tanto tiempo empezó a desvanecerse.

Mi guía me llevó de vuelta al ascensor. Yo sabía que ese viaje había sido importante, que había algo más grande en juego, algo que aún no comprendía del todo. Mientras las puertas del ascensor se cerraban y me despedía de mi guía, él me miró con la misma serenidad infinita de siempre y me dijo:

—Todo volverá a su lugar, cada cosa y cada persona. No te preocupes. Estás donde debes estar.

Me desperté en mi cama. La vida, con todas sus incertidumbres y desafíos, era solo una parte de algo mucho más grande. Mi guía me había mostrado que, aunque el camino fuera difícil, nunca estaba sola, y que cada paso que daba, por incierto que pareciera, me llevaba exactamente adonde debía estar.

Ese viaje espiritual no fue solo una lección sobre el pasado o el futuro, sino sobre la importancia de comprender que, en esta vida, todo tiene un propósito. Cada experiencia, cada ser querido, y cada desafío encajan en un plan mayor.

21

Asha

> El ser humano no puede rehacerse a sí mismo sin sufrimiento, porque es a la vez el mármol y el escultor.
>
> ALEXIS CARREL

Cuando publiqué la primera versión de este libro, no estaba preparada para afrontar la magnitud de lo que había vivido, y mucho menos para contarlo abiertamente. Pero el tiempo tiene una manera curiosa de empujarnos hacia la verdad. Ahora, desde la perspectiva que me brinda el tiempo y la serenidad, siento que es mi deber compartir lo que en aquel momento decidí guardarme. También decidí callar que conocí a la persona por la que regresé; quería mantener su anonimato, pues su familia no sabe que quiso suicidarse. Ahora tengo su permiso para contarlo. Para ella es un honor compartir su historia contigo, querido lector.

Su nombre es Asha.

El plan original era simple: un amigo y yo habíamos alquilado una casita en las montañas, perfecta para desconectar del mundo. Las montañas se alzaban majestuosas y tranquilas, y un lago sereno a sus pies reflejaba el cielo con una calma infinita. Aquella mañana me levanté temprano y decidí ir sola a desayunar a una cafetería rústica que, junto al lago, formaba parte de un merendero de montaña. Desde el primer momento me invadió una extraña sensación de *déjà vu*, como si ese lugar apartado hubiera estado esperándome desde siempre.

Justo cuando me acomodaba en una mesa, la quietud del entorno se rompió por una conversación cercana. Al parecer, alguien había acabado con su vida arrojándose desde el acantilado al lago.

La mujer sentada sola en la mesa de al lado, de unos treinta años, llamó mi atención casi de inmediato. Tenía un rostro que, aunque joven, parecía haber visto mucho más de lo que su edad sugería. El cabello castaño le caía en suaves ondas, pero era su expresión la que más impactaba: una mirada soñadora, como si sus ojos estuvieran perdidos en algún lugar lejano, tal vez en algún rincón de su propio pasado. En su rostro podían percibirse las cicatrices invisibles del alma, marcas de batallas internas que habían dejado huellas profundas. Sus pómulos, ligeramente marcados, y sus labios, que apenas esbozaban una sonrisa contenida, transmitían una mezcla de melancolía y esperanza.

A pesar de que yo era una completa desconocida para ella, comenzó a hablarme con una confianza inesperada. Ella vivía cerca de allí y me confesó que aquel incidente reciente la había conmovido profundamente, removiendo recuerdos que había intentado dejar atrás. Me reveló que, hacía exactamente un año, en ese mismo lago, había decidido rendirse. La oscuridad en su vida era tal que no veía salida, y caminó hacia el acantilado con la intención de no regresar.

Yo escuchaba en silencio mientras ella me contaba su historia. En su voz había una mezcla de dolor y alivio, como si al compartirlo lograra liberarse de parte del peso con el que cargaba. Me dijo que, en el último instante, cuando estaba lista para dejarse ir, algo dentro de ella se resistió. Una fuerza inexplicable la mantuvo a flote, algo que no podía comprender, pero que le impidió seguir adelante con su decisión.

A medida que la escuchaba, sentí que las piezas comenzaban a encajar. Hacía un año de aquel momento, el mismo tiempo que había pasado desde mi propia experiencia cercana a la muerte. Sus palabras y mi experiencia parecían estar misteriosamente conectadas, como si ambas hubiéramos cruzado una frontera similar, cada una a su manera. No podía ignorar la coincidencia, pero había algo más, algo profundo que me empujaba a compartir mi historia con ella.

Cuando terminó su relato, sentí la necesidad de hablarle sobre mi experiencia cercana a la muerte.

Mientras le contaba la historia, vi que se le iban llenando los ojos de asombro. Las coincidencias resultaban imposibles de ignorar. No solo el tiempo en el que ocurrieron nuestras experiencias era idéntico, sino que también compartíamos ciertos detalles personales que coincidían de forma clara. Ambas habíamos sentido una fuerza inexplicable, algo más grande que nosotras mismas que nos había empujado a seguir adelante.

Nos detuvimos un momento, procesando lo que habíamos compartido. Lo que más me impactó fue que incluso los detalles más íntimos de nuestras experiencias, aquellos que nadie más podía conocer, también coincidían.

Ella me confesó que, en el momento en que decidió no continuar, sintió una calma indescriptible, como si alguien o algo le hubiera ofrecido una segunda oportunidad. Durante todo ese año, había sentido una conexión con otra persona (yo), una presencia que la alentaba a seguir, que la ayudaba a levantarse cada día y la consolaba por las noches.

Ninguna de las dos podía explicarlo con claridad, pero sabíamos que el destino nos había conducido a ese encuentro.

Nos quedamos en silencio, contemplando el lago, conscientes de que no era casualidad que hubiéramos terminado allí. El error de la agencia de viajes, la decisión impulsiva de quedarnos en esa región montañosa: todo formaba parte de un plan mayor. Nuestras vidas, que hasta ese momento habían seguido caminos distintos, ahora estaban unidas de una manera que desafiaba cualquier comprensión lógica.

Ella pensó que había sido yo quien le salvó la vida, pero en realidad, fue ella quien salvó la mía.

Epílogo

Cada año celebro con las personas más queridas el día en que regresé a la vida. Es mi renacimiento, el día en que volví desde el abismo y me reconstruí a partir del dolor. Todos los días al despertar me siento como si fuera la superviviente de un naufragio, una testigo de lo frágil y preciada que es la existencia.

La vida puede ser aterradora e incierta, pero ahora sé que podemos salvarnos aferrándonos a nuestros sueños. Cualquier día podría ser el último, y es precisamente por eso por lo que hago que cada minuto cuente. Me reconcilié con el mundo, pero, más importante aún, me reconcilié conmigo misma. Durante años vagué por la vida buscando mi lugar en el mundo. Mi experiencia cercana a la muerte me enseñó que yo soy mi propio lugar en el mundo. Yo soy mi hogar.

La gran mayoría de mis familiares no conocía mi historia sobre mi enfermedad y mi experiencia cercana a la muerte. Lo supieron todo a través de la primera edición de este libro. A mi madre le conté todo poco antes de escribirlo. Yo no morí y, por lo tanto, ella tampoco. Comprendí algo fundamental: las personas a las que amamos tienen derecho a conocer nuestras batallas, nuestras amarguras, nuestras sombras. No podemos robarles la oportunidad de despedirse de nosotros si nuestra hora final se acerca.

Después de lo sucedido, solía visitar con frecuencia la pequeña clínica donde ocurrió todo. Me encantaba volver, compartir con ellos mis avances, mi crecimiento personal, como si fueran una parte vital de mi nuevo yo. A ellos también les gustaba oírme relatar, con todo lujo de detalles, lo que vi desde el otro lado mientras luchaban por reanimarme. Les hacía gracia que recordara tan vívidamente mi enfado en ese momento, hasta el punto de querer golpearlos. Esa conexión creó un vínculo muy especial con la enfermera que estuvo a mi lado en el último instante antes de morir y que fue también quien me dio la bienvenida al renacer.

Inexplicablemente, ni mi corazón, ni mi cerebro, ni ningún otro órgano presentaban lesiones. Todo estaba en perfectas condiciones. Con el paso del tiempo, los médicos decidieron suspender los controles regulares, ya que no había nada más que vigilar.

Me trasladé a otro lugar y pasé cinco años sin verlos. Un día regresé a la ciudad para visitar el centro médico, con el deseo de reencontrarme con todos ellos, especialmente con la enfermera. Pero la clínica ya no estaba. En su lugar había un jardín de infancia. Era la hora del recreo, y los pequeños corrían y jugaban felices. Oí en mi mente los gritos de sufrimiento que una vez resonaron en aquel lugar, pero rápidamente quedaron apagados por las risas de los niños. En ese momento sentí algo liberador: al fin era libre del dolor del recuerdo de aquel día.

¿Recuerdas las cartas que escribí para mis seres queridos? Las quemé una noche en la playa. A veces, justo antes de quedarme dormida, oigo en mi mente el crepitar de las llamas y, con los ojos cerrados, veo cómo se reduce a cenizas el papel. Con esa última imagen descanso en paz, lista para renacer con la llegada de un nuevo día.

Pienso mucho en Rebeca y en sus hijos. No los olvido, y nunca morirán mientras yo viva y mientras alguien piense en ellos al leer estas páginas.

Lo que quedó sin decir

En este capítulo te hablaré de vivencias que tuve después de mi experiencia cercana a la muerte y que me han marcado profundamente. También doy cabida a momentos que, aunque ya he mencionado en alguna entrevista, no aparecieron en la primera versión de este libro. Este es el capítulo en el que saldrá a la luz todo lo que quedó sin decir, y confío en que, al igual que lo que has leído hasta ahora, estas historias también resuenen en ti de manera profunda.

Prepárate para caminar conmigo una vez más mientras desvelo aquello que el destino guardaba para que lo contara en este momento.

Mientras hablaba con Asha en aquella cafetería junto al lago, oí la voz clara de un hombre mayor en mi oído izquierdo. «Dile a mi hija que no se preocupe por el cáncer. Desaparecerá». Fue tan real que por un momento sentí como si él estuviera allí, a mi lado. Sin embargo, no había nadie a la vista. Me estremecí, consciente de que ese mensaje no era para mí, sino para Asha. El vínculo con el otro lado seguía abierto, como si las puertas de aquel misterio jamás se hubieran cerrado del todo.

Cuando se lo conté a Asha, me miró perpleja. Me confesó que padecía un cáncer en estado avanzado y que los médicos no le daban muchas esperanzas de supervivencia. Sin embargo, añadió con una serenidad impactante que no le importaba, porque había aprendido a valorar cada segundo de vida sin importar cuánto tiempo le quedara. El mensaje que recibí era de su padre, Rayaan, que había fallecido solo unos meses antes. Y así, contra todos los pronósticos médicos, Asha superó la enfermedad.

Desde aquel primer encuentro mágico, Asha y yo hemos mantenido una amistad profunda y sincera. La distancia geográfica no ha sido un obstáculo; nuestra conexión trasciende lo físico. Compartimos momentos de intimidad, confesiones y risas que solo una amistad verdadera puede ofrecer. Asha no solo se convirtió en una amiga, sino en un recordatorio constante de que la vida nos une de maneras misteriosas, más allá de lo que podemos comprender.

Seis meses después de mi experiencia cercana a la muerte, cuando ya no quedaba ningún rastro de la enfermedad que me había llevado al paro cardiaco, ocurrió algo que no conté en la primera versión de este libro. Aunque algunos ya lo sabrán por entrevistas que he dado, me diagnosticaron leucemia. El golpe fue inesperado no solo por la noticia en sí, sino porque, a pesar de los resultados médicos, yo me sentía fuerte, llena de energía y sin síntomas.

Recibí la noticia con una calma sorprendente. Pensé que tal vez había llegado mi hora definitiva, que aquellos seis meses habían sido un regalo de la vida, un tiempo para aprender y evolucionar antes de despedirme de este mundo con dulzura. Esa vez me sentía preparada para afrontar la muerte, para abrazarla sin miedo. Afortunadamente, ya tenía todos mis papeles en regla para asegurar el futuro de mis hijas, ya que los había preparado al enfermar por primera vez.

Sin embargo, la vida me sorprendió una vez más. La leucemia avanzó rápidamente al principio, y los médicos no esperaban que resistiera mucho más tiempo. Pero, sin explicación, la enfermedad comenzó a retroceder y, en poco tiempo, desapareció por completo. Los médicos no podían entenderlo; era un misterio, lo que algunos llamarían un milagro, otros tal vez el destino.

En cuanto a mi guía, él me reveló su nombre en nuestro primer encuentro, un detalle que siempre he mantenido en secreto. Sin embargo, un día, mientras estaba en un local comercial, una anciana desconocida se me acercó de forma inesperada. Sin rodeos, me dijo el nombre de mi guía y añadió que tenía un mensaje para mí. «Veo a tu guía a tu lado», me dijo muy segura de sí misma. «Quiere que le prestes atención. Últimamente has dejado de pensar en sus palabras. Recuerda: cada cosa, cada persona, todo acabará encontrando su lugar». Me quedé paralizada, incapaz de entender cómo sabía esa mujer el nombre de mi guía o cómo pudo repetir, palabra por palabra, el mismo mensaje que él me había dado en el otro lado.

En ese momento yo atravesaba un periodo de dudas. No sabía si debía seguir adelante como si nada hubiera pasado o aferrarme a todo lo que había vivido. La experiencia con aquella anciana me devolvió el foco. No debía olvidar ni desviarme del camino que me había mostrado mi guía.

Mucho antes de mi experiencia cercana a la muerte, dos mujeres vaticinaron lo que me ocurriría. La primera fue una santera en Cuba, y la segunda, mi querida Mamá Dori, una anciana sabia de la selva de Costa Rica. En aquel entonces pensé que eran coincidencias. Hoy sé que no. Ahora veo que las señales siempre estuvieron ahí, pero yo no estaba lista para comprenderlas.

Menciono ambas historias en mi libro *Espíritus en la hoguera: La esperanza en el duelo y la enfermedad*, como testimonio de que la vida nos envía mensajes, aunque a menudo no estamos preparados para oírlos.

Tal vez te suene lo de que algunas personas que han tenido experiencias cercanas a la muerte regresan con habilidades extraordinarias. Yo al principio no noté nada. Pero durante la primera presentación de mi libro en Madrid, algo comenzó a suceder. Mientras dedicaba libros, de manera inconsciente escribía a los lectores mensajes de seres queridos fallecidos. Las personas me decían emocionadas que aquellos mensajes eran de alguien a quien habían perdido. Desde entonces, ese fenómeno se repite sobre todo cuando firmo libros. A veces, incluso me pasa en otras situaciones, cuando conozco a alguien nuevo o simplemente voy por la calle.

En estos años he conocido médicos, científicos y neurólogos que han estudiado mi caso. La mayoría me han confesado en privado que creen en lo que cuento y que han visto pruebas de fenómenos inexplicables en la práctica de sus profesiones, aunque no siempre puedan reconocerlo públicamente.

Querido lector, ha pasado mucho tiempo desde aquella experiencia que cambió mi vida y sigo percibiendo el mundo de forma diferente. Lo que más me intriga es el modo en que veo la tecnología. Todos los aparatos, por modernos que sean, me parecen viejos, como si pertenecieran a otro tiempo. Tengo varias teorías al respecto, pero ninguna explicación definitiva.

Hoy precisamente, en septiembre de 2024, celebro los diecisiete años transcurridos desde mi experiencia cercana a la muerte. ¿No te parece fascinante la sincronía? No estaba previsto que terminara este libro en esta fecha, pero así lo ha querido el destino. Es como si el universo mismo hubiera conspirado para que el cierre de este capítulo coincidiera con un momento tan personal e importante.

Me siento profundamente agradecida de poder celebrar este momento contigo, querido lector, porque no solo es el final de un libro, sino el comienzo de algo mucho más grande. Hemos caminado juntos por las páginas de esta historia, recorriendo los misterios de la vida, la muerte y la transformación. Y ahora cerramos este capítulo sabiendo que la verdadera celebración no es un final, sino el inicio de una nueva conciencia.

Gracias por acompañarme en este viaje. Celebro no solo estos diecisiete años de vida, sino también cada segundo compartido contigo en estas páginas. Porque este es nuestro momento, el de abrazar la vida con todo su misterio, con todo su esplendor, y con la certeza de que, al igual que el destino ha querido que este libro se cierre hoy, siempre hay algo más esperándonos más allá del horizonte.

Con gratitud infinita, gracias por caminar conmigo.

Títulos de canciones de los capítulos

El lamento de los narcisos (Daffodil Lament), de The Cranberries.
Que haya luz (Let There Be Light), de Mike Oldfield.
La edad del cielo, de Jorge Drexler.
El instante, de La sonrisa de Julia.
Escalera al cielo (Stairway to Heaven), de Led Zeppelin.
A través del universo (Across The Universe), de The Beatles.
Tratar de estar mejor, de Diego Torres.
Un cielo lleno de estrellas (A Sky Full of Stars), de Coldplay.
Aunque no te pueda ver, de Álex Ubago.
Bonito, de Jarabe de Palo.
Kilómetro cero, de Ismael Serrano.
Las costuras del alma, de El Barrio.
Volverte a ver, de Juanes.

Lágrimas en la lluvia (Tears in The Rain), de Joe Satriani.
Sin miedo, de Rosana.
Quédate junto a mí (Stand by Me), de Ben. E. King.
Este lado del paraíso (This Side of Paradise), de Bryan Adams.
Estoy viva (I'm Alive), de Celine Dion.
Gracias a la vida, de Violeta Parra.
El camino silencioso (The silent path), de Robert Haig Coxon.

Agradecimientos

Gracias a mis hijas Esperanza y Marta, a mi madre, a Sete, Rafael Eugenio, Ché, Juan Pablo, William, José María Gaspar, Laura, Asha, Mauricio y Pedro por iluminarme en mis momentos más oscuros y por creer en mí incluso cuando yo no lo hacía. Desde que nací llevaba una parte vuestra sin saberlo. Sigamos recorriendo este camino juntos en este lado del paraíso.